La boîte aux lettres

Letter-writing in French for GCSE, Ordinary Level and CSE

TONY WHELPTON

Chief Examiner in French, Southern Examining Group
Chief Examiner in French, Associated Examining Board

DAPHNE JENKINS

Assistant French Teacher, Pate's Grammar School, Cheltenham
Reviser in French, Southern Examining Group
Senior Assistant Examiner, Associated Examining Board

LONGMAN

By the same authors:
Comprenez-vous?
In Your Own Words
Let's get it right: French
Picture Composition: French
Talking about Pictures: French
Visa 1 (Student's Book, Teacher's Book, Cassette)
Visa 2 (Student's Book, Teacher's Book, Cassette)

Acknowledgements
The authors wish to express their thanks to
Madame Claudie Reed, whose help in the
preparation of this book has been invaluable.

Longman Group UK Limited
Longman House, Burnt Mill, Harlow,
Essex CM20 2JE, England
and Associated Companies throughout the world.

First published 1980
Tenth impression 1991
ISBN 0 582 33073 4

Set in 10/12 pt VIP Baskerville

Produced by Longman Singapore Publishers Pte Ltd
Printed in Singapore

Contents

Relationship between examining boards and exercises

□ Exercises suitable for the board indicated
■ Exercises conforming to the requirements of the board indicated

Board	1–8	9–15	16–20	21–25	26–30	31–40	41–50	51–58	59–64	65–72	73–82	83–92	93–112	113–130	131–140
AEB	□	□	□	□	□	□	□	□	□	□	□	□	■	■	
Cambridge	□	□	□	■	■	□					□	□	□		
JMB							□	□	□	□				□	■
London							□	□	□	■				□	
Northern Ireland	□	□	□	□	□	□					■	□	□		
Scottish	□	□	□	□	□	□	□	□	□	□	■	■	■	□	
SUJB	□	□	□	□	□	□					□	■	□		
Welsh GCE	□	□	□	□	□	■	□	□	■	□	□	■	□	□	
Associated Lancs.	□	□	□	■	□	□	□	□	□	□	□	□	□	□	
E. Anglia	□	□	□	□	■	□	□	□	□	□	□	□	□	□	
Metropolitan	□	□	□	■	□	□	□	□	□	□	□	□	□	□	
Middlesex	□	■	□	□	□	□					□	□	□		
Northern	□	□	■	□	□	□	□	□	□	□	□	□	□	□	
North-Western	■	□	□	□	□	□	□	■	□	□	□	□	□	□	
Southern							□	□	■	□				□	
South-Eastern	□	□	□	□	■	□	□	□	□	□	□	□	□	□	
South-Western							■	□	□	□				□	
Welsh CSE	□	□	□	□	□	■					□	□	□		
West Midlands	□	□	□	□	■	□	□	□	□	□	□	□	□	□	
West Yorks and Lindsey	□	■	□	□	□	□					□	□	□		
Yorkshire	□	□	□	□	■	□					□	□	□		

To the teacher

The various Examining Boards in the United Kingdom, at both Ordinary Level and CSE, have different requirements as to the length and the type of the letters they ask their candidates to write, and also different ways of stimulating the candidates' response. In this book we have tried to reflect these differences by constantly changing the format of the exercises we have set; fortunately the differences between the various Boards are usually so slight and superficial that this matters very little – you may decide, for instance, to tell your pupils to write 100 words instead of the 120 stated. In other words, you will find a number of exercises which reflect the style of your particular Board, but elsewhere you will find different styles which you may adapt if you think fit.

Some Boards give all their instructions to the candidates in English; others use French throughout. We have chosen to put first all those who give instructions wholly or partly in English. You will find, however, that even if your candidates are preparing for the examination of one of these Boards, the section in which the instructions are entirely in French should not be beyond them.

To help you find your way through what is of necessity a fairly complex arrangement, we have compiled the table opposite. Across the top you will see the numbers of the exercises to be found in this book, grouped together according to format; down the side you will see the names of the Examining Boards which set letter-writing as a test in their examination. A black square means that the exercises in that group follow more or less exactly the type and style used by the Board indicated; a white square means that, whilst the format of those exercises may not tally exactly with that of the Board indicated, they may nevertheless provide useful practice.

The information provided in this table is for general guidance only; it is to the best of our knowledge accurate at the time of writing, but changes do occur from time to time, and teachers would be well advised to check on the requirements of any particular Board rather than rely entirely on this table.

To the pupil

There must be very few people who go through life without writing a letter to someone in their own language. But it is also in writing letters that you are most likely to use your French – at least the French you have learned to write. Many of you will already have composed letters to a French pen-friend quite soon after you began to learn French; some will have stayed with a French family and corresponded with its members; others may even have written asking for information to French hotels, travel agencies and so on.

It is because this is such a useful and important aspect of learning French that most of the GCE and CSE Examining Boards have included letter-writing in the examinations they set. Some of them say that all candidates must write a letter; others give it as an alternative to other kinds of test. But either way you need to learn how to write letters in French, and this book is designed to help you. Whether you want to write simple letters to friends or whether you just want to try and satisfy the examiners, we hope you will find it useful.

TONY WHELPTON
DAPHNE JENKINS
Cheltenham, 1980

1 How to tackle letter-writing

Informal letters

Here is a letter that you might have received from a French friend:

Tours, le dix avril

Cher David,

Mon professeur d'anglais m'a donné votre adresse et m'a demandé de vous écrire.

J'ai quatorze ans, et j'apprends l'anglais depuis trois ans. Je ne suis pas encore allé en Angleterre, mais j'ai bien envie d'y aller. Pour l'instant je ne suis pas très fort en anglais, mais si vous m'écrivez je ferai peut-être des progrès rapides.

J'habite un appartement au centre de Tours avec mes parents et mes deux sœurs. J'aime beaucoup le football et la pêche. La Loire passe tout près de notre appartement, et je vais souvent pêcher dans cette rivière.

Ecrivez-moi bientôt pour me parler de votre famille et de ce que vous aimez faire.

Amicalement,
Pierre.

SETTING OUT A LETTER

Address: You will notice that Pierre has only written the name of the town in which he lives in the top right-hand corner of the letter. This is because he will have written his full address clearly on the back of the envelope. When answering you should do the same. It is a waste of time to write your full address at the top of every letter.

Date: Alongside the name of the town Pierre has written the date.

Greeting: i.e. *Cher David*, below, on the left. He has begun the *main part of his letter* on the next line, immediately to the right of David's name.

Paragraphing: Pierre has set out his letter clearly by using a new paragraph for each new idea he mentions. If you do not take care to divide your letter into paragraphs you will make it much more difficult for your correspondent to read and understand.

Final greeting: Pierre has placed his final greeting in the middle of the line, underneath the end of his letter, and he has signed his name underneath the greeting. This is the usual way to set out a letter.

Here is an answer that David might have sent to Pierre:

Hereford, le vingt avril

Cher Pierre,

J'ai été très heureux de recevoir votre lettre parce que ça fait longtemps que je veux un correspondant français.

Moi, j'ai quinze ans, et il y a quatre ans que j'apprends le français. J'aime beaucoup les langues, et je voudrais voyager autant que possible. J'ai fait du camping en Bretagne avec ma famille, et ça m'a plu énormément.

Vous me parlez de la Loire près de votre appartement, mais vous ne m'avez pas décrit la ville de Tours. Il y a aussi une rivière à Hereford, qui est une belle ville avec une cathédrale. Ici nous ne sommes pas loin du Pays de Galles.

Moi aussi je suis pêcheur, et je vais pêcher dans la Wye avec mon frère qui a deux ans de plus que moi. Quel âge ont vos deux sœurs? Mon père est ingénieur. Que fait votre père?

A bientôt de vous lire,

Amitiés,
David.

CONTENT

David has set out his letter in the same way as Pierre.

Personal references: In his first paragraph he says how pleased he was to receive Pierre's letter. It is a good idea, when answering a letter, to begin with a polite reference to its contents. In this way you come straight to the point and establish a link with your correspondent. After all, the reason you write a letter of this kind is that you wish to express friendliness to someone. Notice, however, that at this stage they are calling each other *vous*, not *tu*. This is because the friendship is not yet established.

Answering questions: David goes on to give Pierre the information that he requested about himself and his family.

Giving information: He also adds some extra details about Hereford, and asks Pierre about Tours and about his father's work. You too should always be careful to supply all the information requested by your correspondent, at the same time adding relevant material. By relevant we mean information or comment that will be of interest or concern to the person to whom you are writing.

Length of letter: There is obviously a great deal more that David could

4

have said to Pierre, but we have deliberately made his letter about the same length as Pierre's. The length of the letter you may be asked to write for examination purposes may vary from about 60 words to 250 words. We will say more about this later.

You will see that in his second letter to David, given below, Pierre also makes friendly references to the content of David's letter, he answers David's questions, and keeps his subject matter relevant and of interest to his correspondent.

Tours, le deux mai

Cher David,

Merci beaucoup de la lettre que j'ai reçue il y a quelques jours. Tu écris très bien le français. J'essaierai d'écrire ma prochaine lettre en anglais, mais aujourd'hui je préfère me faire comprendre!

Où as-tu fait du camping en Bretagne? Je connais un beau terrain de camping à Carnac, où j'ai passé de belles vacances.

Tours est une assez grande ville à 237 kilomètres au sud-ouest de Paris. Il y a une cathédrale ici comme à Hereford, et nous avons aussi une université et un aéroport.

Je suis content de savoir que tu es pêcheur comme moi. Y a-t-il beaucoup de poissons dans la Wye? Quels autres sports aimes-tu? Joues-tu au cricket comme tous les Anglais?

Mes deux sœurs sont toutes les deux plus jeunes que moi. Annick a douze ans, et Francine n'a que neuf ans. Mon père est professeur à l'Université François Rabelais à Tours, mais ma mère reste à la maison. Est-ce que ta mère exerce une profession?

Je te quitte maintenant parce que j'ai beaucoup de devoirs à faire.

Ton ami français,
Pierre.

Tu or *Vous*: Throughout this letter Pierre addresses David as *tu* and no longer *vous*. Young people of the same age usually use *tu* to each other. If you are answering a letter where your correspondent addresses you as *tu*, then you should do the same when you write back. Otherwise you may choose between *tu* and *vous*, but you must be consistent and not change from one to the other in the same letter.

Formal letters

The letters between Pierre and David are, of course, informal letters. It is this kind of friendly letter between friends or relatives that you are likely to write most often, but you may also need at some time to write a more formal kind of letter to someone you do not know or with whom you are just slightly acquainted. These will more often than not involve holiday or travel plans, but there are a number of other possibilities, and the style and lay-out are somewhat different from those of the informal letters we have shown you so far.

SETTING OUT A FORMAL LETTER

Here is a letter written by a Frenchman to the local office of Air France; he wants to change the travel arrangements he has already made.

M. Pierre JEANLIN,   Limoges, le sept novembre
7 rue Manigne,
87000 LIMOGES.   Monsieur le Directeur,
                                        Agence Air France,
                                        Limoges.

Monsieur le Directeur,
                    Vous m'avez établi un billet pour l'avion Air France, vol AF848, du 12 décembre, à destination de Londres.

Pour des raisons de famille, je ne peux plus partir à la date prévue. Je veux donc prendre le même avion, à la même heure, le 16 décembre au lieu du 12 décembre.

Je vous prie de prendre note de ce changement de date, d'établir mon billet à la date du 16 décembre, et de me l'envoyer à l'adresse ci-dessus.

Veuillez agréer, Monsieur, l'expression de mes sentiments distingués.
                                        Pierre Jeanlin.

On reading this letter you should notice the following:

Address: You will see that Monsieur Jeanlin, the writer of the letter, has written his name and address in the top left-hand corner of the page. As most Frenchmen do, he has taken care to put his surname and the name of the town where he lives in block capitals and, of course, to include the postal code.

He has still put the name of his town and the date in the top right-hand corner, just as if he were writing to a friend, but in this case he has added below that the name of the person to whom his letter is addressed. He could also have added the full address of the agency, but this is not essential.

Greeting: He begins his letter by addressing the recipient by his title, i.e. *Monsieur le Directeur*. Note that he does not begin his letter *Cher Monsieur*: this greeting is reserved for someone you already know fairly well.

Content: In a letter of this kind you are less concerned with establishing a personal, friendly contact with the person to whom you are writing. Your letter has a job to do, in this case to give information and to ask for a service, and Monsieur Jeanlin has written in a very direct, straightforward way, stating concisely what he requires while, of course, maintaining the formality of language and of lay-out that politeness demands.

Paragraphing: Note that here, as in the informal letters discussed above, the writer has arranged his letter in paragraphs, each paragraph making a particular point. This is especially important in a letter of this kind, because it will often be written to someone who is very busy and who has very little time to devote to any one letter. It is therefore helpful to him if you make your letter as clear and as easy to read as possible; it will also be to your advantage, because it makes it less likely that he will miss some part of your letter in his haste to deal with it.

Ending: You will see that Monsieur Jeanlin ends his letter with a rather flowery sentence, much longer than the endings used for an informal letter, but which is really no more than the equivalent of our *Yours faithfully*.

Here is the reply Monsieur Jeanlin might have received from the Agency:

Agence Air France,   Limoges, le douze novembre
Boulevard Wilson,
87000 LIMOGES.

         Monsieur P. JEANLIN,
         7 rue Manigne,
         87000 LIMOGES.

Monsieur,

    Nous avons bien reçu votre lettre du 7 novembre, et nous avons pris note que vous voulez changer la date de votre départ pour Londres.

    Avant d'établir votre billet pour le vol AF848 du 16 décembre, à destination de Londres, nous avons besoin de savoir si vous avez toujours l'intention de revenir à Paris par le vol AF851 du 18 décembre. Dès que vous aurez confirmé vos intentions nous vous enverrons votre billet.

    Nous vous prions d'agréer, Monsieur, l'expression de nos sentiments distingués.

               V. Fouroux.

Note the following points:

Address and date: The agency follows the same practice as that used by Monsieur Jeanlin in his letter.

Greeting: The representative of the agency, Monsieur Fouroux, does not know Monsieur Jeanlin, and Monsieur Jeanlin does not have a title, e.g. *Monsieur le Directeur* or *Monsieur le Président*, so he simply addresses him as *Monsieur*.

Content: Again the letter is direct and matter of fact: it states what has to be stated, no more and no less. For this reason a formal letter is always likely to be shorter than an informal letter, unless you are dealing with a very complicated matter.

Personal reference: Monsieur Fouroux begins by referring to the letter to which he is replying, and at once gives Monsieur Jeanlin the assurance he was seeking.

Paragraphing: Here again, for the sake of clarity, the letter is divided into paragraphs, each paragraph dealing with a separate point.

Tu or *Vous*: Since *tu* is only used between close friends, it will obviously never occur in a formal letter.

2 Writing your letter

Informal letters

In the first chapter we talked in a general way about the setting out and the content of an informal letter. Now that we are going to get down to the business of actually writing letters, there are some further comments to make.

BEGINNING A LETTER

To a male friend or relative called Georges you can write:
> *Cher Georges*
> *Mon cher Georges*
> *Cher ami*

To a female friend or relative called Geneviève you can write:
> *Chère Geneviève*
> *Ma chère Geneviève*
> *Ma chère amie*

To more than one person, e.g. to a male and a female, you can either write:
> *Cher Monsieur, chère Madame*

or you can write:
> *Chers Monsieur et Madame*

(You must not write *Mon cher Monsieur* or *Ma chère Madame*, nor should you write *Chère Madame Dupont*.)

To specific relatives you can write:
> *(Mon) cher oncle*
> *(Ma) chère tante*
> *(Mon) cher grand-père*
> *Mes chers parents*
> *Bien chers parents*

ENDING A LETTER

Just before the end of a letter you may want to express the hope that your correspondent will answer quickly:

Ecrivez-moi vite
Répondez vite
A bientôt de vous lire
A bientôt de te lire
En attendant le plaisir de te lire

Then there are a number of different ways of giving a final greeting in French, depending upon the exact relationship between the correspondents, e.g.

Between friends or relatives:

Cordialement
Amicalement
Amitiés
Votre ami(e)
Avec mon meilleur souvenir

Between very close friends or relatives:

Je t'embrasse
A bientôt
Bons baisers
Grosses bises
Bien à toi
Affectueusement

To parents:

Affectueusement
Ta fille qui t'aime (to **one** parent)
Votre fille qui vous aime (to **both** parents)

CONTENT

Establishing a personal link

There are many different ways of establishing a link with your correspondent, and the one you choose will depend upon the kind of letter you are writing.

You may wish to say thank you for a letter received:

Je vous remercie de votre lettre
Merci de votre lettre

to acknowledge its receipt:

J'ai bien reçu votre lettre
Votre lettre est bien arrivée
Votre lettre est arrivée hier

to apologise for not having answered sooner:

Excusez-moi de ne pas avoir écrit plus tôt
Je m'excuse de ne pas avoir écrit plus tôt

to express your pleasure:

J'ai été heureux de recevoir votre lettre

J'ai été heureux d'avoir de vos nouvelles

Votre lettre m'a fait plaisir

to express concern about your correspondent's health and well-being:

Comment allez-vous?

J'espère que tout va bien chez vous

to refer to a previous meeting with your correspondent:

J'ai un très bon souvenir de mes vacances chez vous

Asking for information

You will nearly always have some questions to ask your correspondent. You can either use the direct question form to elicit specific information:

Quels sports pratiquez-vous?

Avez-vous des animaux à la maison?

Quand quitterez-vous le lycée?

Allez-vous souvent au cinéma?

Qu'est-ce que vous voudriez faire samedi?

Or you can ask indirect questions, such as:

Racontez-moi ce que vous faites d'intéressant en ce moment

Dites-moi ce qui est arrivé pendant le voyage

Expliquez-moi pourquoi vous n'étiez pas là

Ecrivez-moi pour me dire . . .

Giving information

You are certain to need to give information in every letter that you write, and the way you do this *really* reflects your style as a writer, and also your personality.

Convey essential facts clearly. For example, when describing your house you might begin by saying:

J'habite une petite maison dans la banlieue de Londres

before going on to describe the different rooms and furniture in your house.

Do not be carried away by lyrical descriptions of the weather or nature that might be out of place in a short letter.

Do vary your style to suit your subject matter. If you are describing an exciting event use suitable adjectives to make your style colourful, or perhaps a short exclamation like:

Quelle horreur!

Quel dommage!

Do use subordinate clauses so that your letter is not just a string of short sentences. You can join sentences by conjunctions such as *quand, parce que, si, comme*, etc. We will return to this point in the chapter on examination demands.

Invitations

Quite often you may want to write to someone to invite them to do something, or you may write to accept or refuse an invitation. Much depends upon the exact nature of the invitation, but some of the following phrases could be useful.

Inviting:
  Je vous invite à passer quinze jours chez moi
  Voulez-vous passer quinze jours avec moi
  Est-ce que vous pourriez passer . . .
  Cela me ferait plaisir de vous recevoir chez moi

Accepting:
  Merci de votre gentille invitation
  Je vous remercie de votre gentille invitation
  Je serai très heureux de . . .
  J'accepte avec plaisir
  Ça me ferait grand plaisir de . . .
  Je veux bien . . .

Refusing:
  Je suis désolé de ne pas pouvoir accepter votre invitation
  Je regrette de vous dire que . . .
  Je regrette que (+ subjunctive)
  Malheureusement je ne pourrai pas . . .

N.B. In all the above examples we have used *vous*, but often you will need to use *tu* instead. Make sure you make all the right changes!

Formal letters

You saw in the first chapter how Monsieur Jeanlin wrote to a travel agency, and the reply he received. In that section we commented on the way the two letters had been set out, and what they contained, and that is the sort of pattern you should follow. Here are some more ideas on the subject.

BEGINNING A LETTER

Start your letter with *Monsieur, Madame, Mademoiselle* or, if you are writing to more than one person: *Messieurs, Mesdames* or *Mesdemoiselles*. You should also write *Messieurs* if you are writing to a firm and do not know exactly to whom you should write.

If the person to whom you are writing has a title, you should use it here, e.g. *Monsieur le Président, Monsieur le Directeur, Monsieur l'Inspecteur Général*, etc.

Do not use the abbreviations *M., Mme, Mlle*; it is not considered very polite, so write them out in full – unless, as at the top of Monsieur Jeanlin's letter, you are referring to yourself.

ENDING A LETTER

There are a number of different ways of ending a formal letter in addition to the one chosen by Monsieur Jeanlin, but the following should fulfil all your needs. There is little difference between them; you just need to alter the word *Monsieur* as and when appropriate.

Je vous prie d'agréer, Monsieur, l'assurance de mes sentiments distingués.

Veuillez agréer, Monsieur, l'expression de mes sentiments les plus distingués.

Veuillez croire, Monsieur, en mes remerciements et en mes sentiments distingués.

Je vous prie d'agréer, Monsieur, l'assurance de mes respectueuses salutations.

These endings may be introduced quite abruptly, immediately after you have said all you need to say.

CONTENT

Establishing context

You do not need to establish a personal link in the same way as in an informal letter, but you do have to refer to a previous letter if there has been one, and you do have to say at the outset what your letter is about. The following expressions may be useful in starting your letter:

J'ai bien reçu votre lettre du . . .

Nous accusons réception de votre lettre du . . .

Nous vous remercions de votre lettre du . . .

Je vous serais très reconnaissant si vous . . .

Je vous serais très obligé si vous . . .

Je vous prie de . . .

Je suis heureux de . . .

J'ai le plaisir de . . .

J'ai le regret de . . .

Asking for information

You are much less likely to ask direct questions in a formal letter. Instead you should use expressions such as these:

Je voudrais savoir si . . .

Voulez-vous me dire si . . .

Voulez-vous me faire savoir . . .

Giving information

As we have stated above, you must give any necessary information factually and clearly; this does not necessarily mean your sentences will all be extremely short, but they are likely to be less personal and more matter-of-fact than in your informal letters.

Thanking

Expressing thanks to someone in a formal letter involves you in slightly more flowery language than when you are writing to a friend. Here are two expressions you might use:

Je vous remercie beaucoup de . . .

Je vous suis très reconnaissant de . . .

Complaining

State exactly what has happened. The following expressions might be useful:

J'ai le regret de vous faire savoir . . .

J'ai le regret de vous informer . . .

Je ne suis pas satisfait de . . .

Je tiens à vous faire savoir . . .

Je me permets de vous faire remarquer . . .

Apologising

Again there are certain phrases which allow one to apologise in a polite and pleasant way:

Veuillez m'excuser de . . .

Je vous prie de m'excuser de . . .

Je vous prie d'accepter mes excuses . . .

Je vous présente mes excuses . . .

3 Examination demar.ds

So far, we have referred now and again to the requirements of the examination, but we have been concentrating on letter-writing in general rather than on helping you specifically to prepare for writing a letter in whatever examination you are likely to take. In this chapter we want to concentrate more particularly on preparing for your examination.

It should, of course, be appreciated that if you write a good letter to, say, your French pen-friend, it would be recognised as a good letter in an examination. In other words, there is not really a distinction between a real-life letter and an examination letter, except in one respect: a real letter will not be assessed, and an examination letter will. When you write to a friend you want, naturally, to interest and please him or her but, when you write a letter in an examination, you have to impress the examiner as well.

WHAT IS THE EXAMINATION FOR?

The purpose of a French examination is to find out how good you are at understanding and using French. In some parts of the examination you are restricted by what is set, because the examiners want to compare all the candidates in what they call a 'controlled situation', that is, one where all the candidates have to do more or less exactly the same thing. In other parts of the examination, however, you are much more free: the examiners set a framework within which you have to work, and it is you who control what goes down on paper; the examiners want to see what you are capable of doing when you are free to choose what to put down. But you are still being compared with all the other candidates, because what the examiners are generally trying to do is to put all the candidates in order of merit. That means that, although you are not likely to get a poor examination result if you write very simple, basic, French with no mistakes, it is only if you go beyond that and show the examiners what you are capable of doing, that you are likely to get a really good result.

READ THE QUESTION PROPERLY

It perhaps seems too obvious a thing to say that the first thing you need to do is to read the instructions and to make sure that you not only understand them, but that you actually carry them out. Nevertheless there are, every year, in every examination, a lot of candidates who do not do themselves justice purely and simply because they have failed to read the instructions properly.

WHO IS WRITING THE LETTER?

In many examinations you will be asked to write a letter as if it really were being written by yourself, but in some examinations you may be required to imagine that you are somebody else. This is particularly likely to happen when you have to write a reply to a letter that is printed on the paper, so look carefully to see to whom it is addressed. If the letter starts *Cher Pierre*, you must imagine that your name is Pierre, and you must sign Pierre's name at the end of the letter. If it starts *Ma chère Anne*, you must imagine that you are Anne, and this means, of course, that even if you are a boy, you must make everything that refers to yourself feminine; thus you would have to say, e.g. *J'ai été très contente de recevoir ta lettre*, etc.

TO WHOM IS THE LETTER ADDRESSED?

You must also be careful to write the letter to the right person. Probably the most frequently found mistake here is for a letter replying to one beginning *Chère Anne* and signed *Pierre* also to begin *Chère Anne*. In other words some imagination is called for, and you must make sure that you think yourself into the right situation.

HOW LONG SHOULD IT BE?

The instructions will tell you how long your letter should be, and of course you must keep within these limits, as we have already suggested. If you write a letter shorter than what is required you will gain fewer marks; if you greatly exceed the limit you will also be likely to lose marks, because the more you write, the more likely you are to make mistakes. So keep a careful check on the number of words you write. You can, if you wish, put on your script the number of words you have written, but never try to deceive the examiner by saying you have written, say, 120 words when you have actually written 150. The deception never works anyway, but the chances are that you have penalised yourself because of the extra mistakes you have made in your surplus thirty words!

You may well ask 'What is a word?', and this is in fact a rather difficult question to answer. But the rule of thumb which most examiners are told to use, and which is certainly accurate enough for your purposes, is that where two or more words are joined together by a hyphen or an apostrophe, they count as one word. Thus *madame*, *c'est* and *a-t-il* each count as one word, and the sentence *C'est la quarante-deuxième fois qu'il est venu.* contains seven words. Incidentally, when you are counting the number of words in your letter, you should not include the address.

WHAT SHOULD YOU PUT IN THE LETTER?

This depends very much on the question that is set. If you are given very vague instructions such as 'Write a letter to your pen-friend telling him how you propose to spend the Easter holidays', you must think yourself into that situation and write as realistic a letter as possible. Remember what we said above about establishing a personal link and include a certain amount of chatty, friendly material in your letter in order to put your main points in context; after all, you are supposed to be writing a letter, not an ordinary composition. But at the same time you should not allow this other material to outweigh the outline of the holiday plans which you are asked to give. It is not sufficient, for instance, to write *Je vais passer les vacances de Pâques à la ferme de mon oncle* and then make no further reference to the holidays!

If you are given more precise instructions, you must make sure that you comply with all of them. If, for instance, the question says:

Vous allez passer une semaine à Lyon. Ecrivez une lettre à des amis français qui habitent un village près de Lyon pour leur demander si et quand vous pourrez leur rendre visite, quel sera le meilleur moyen de transport et comment vous trouverez leur maison,

you will have to make sure that you convey to your friends first of all that you are going to visit Lyon, and then ask the four specific questions which you are told to ask.

If you are given a list of constructions which you are asked to use, this will, of course, control to a certain extent what you put in your letter, so you need to study these and see what the possibilities are before you actually start writing.

Remember that if you are silly enough to ignore the instructions given on the paper and write on a different subject, however good your French might be, you will be lucky to get any marks at all. It may seem unlikely or unbelievable that anyone should do this, but it does in fact happen!

ACCURACY OF LANGUAGE

You must try, as far as you are able, to write correct French. You will not, obviously, make mistakes on purpose, but in this part of the examination it is you who are in control, and there must be some things you are capable of writing correctly! Try, then, to write simply those things which you know to be correct.

Probably the worst thing you can possibly do is to decide in English what you want to say, and then try to translate it into French. Certainly your ideas may very well come to you in English, unless you are already a very competent linguist, but if you make this into a translation exercise you are imposing upon yourself a restriction which the examination itself does not impose; you are choosing a form of words in English without any thought of whether you are able to express those ideas in French, and the only possible result of that is disaster.

STYLE OF LANGUAGE

You will, of course, choose a style which is appropriate to the kind of letter you are writing, as we have discussed in the sections on informal and formal letters. But you must also bear in mind the advice given above to the effect that you must try to impress the examiner; we do not mean that you have to write in a very complicated fashion, nor that you need to use a lot of unusual vocabulary. Perhaps these two examples will best illustrate what we mean.

Exemple 1
   Hier je suis allé chez mon oncle. Il est fermier. Il habite à dix kilomètres de la ville. A la ferme j'ai aidé mon oncle. Il a des vaches et des poules. J'ai donné à manger aux animaux, et mon oncle a dit merci.

Exemple 2
   Hier je suis allé rendre visite à mon oncle, qui tient une ferme à dix kilomètres de ma ville. Une fois à la ferme j'ai aidé mon oncle en donnant à manger aux vaches et aux poules. Mon oncle en a été très content, et il m'a remercié vivement.

Both these examples are written in French which is absolutely correct, but the second example would score a higher mark than the first, and rightly so, because it reveals a better command of the language, being more natural and slightly more complex, in that it uses a greater variety of constructions, while at the same time not using any constructions which you are unlikely to have come across by the time you are taking CSE or Ordinary Level.

It is not just a question of using longer sentences, though that is part of it. As we suggested above, it shows a better command of the language if you use subordinate clauses with, for example, *qui, que, parce que, où*, than if you use a succession of short simple sentences. It helps if you can show that you are capable of using object pronouns, or *en* with a present participle, as in *Exemple 2*, or to show that you can handle constructions like *demander à quelqu'un de faire quelque chose*.

Thus, while the major consideration must always be to write *accurately*, you should also think in terms of using your French in as sophisticated a way as you can, without going beyond the bounds of what is natural, and without making yourself make mistakes.

TYPES OF EXAMINATION QUESTION

In the final section of this book you will find a number of topics which might very well have been set in a CSE or an Ordinary Level examination. There are questions of all types, and the instructions are set out as you would find them in the examination paper. We have not tried to indicate the name of the Examining Board whose pattern is being used, except in the table included in the introductory note 'To the teacher'. Changes in requirement do occur now and again, and two or more Boards may use the same pattern. The same or similar topics have been included in a number of different forms in order to give you the precise kind of practice you need. Your teacher will tell you which ones you need to do.

These are the various types of question:

Instructions in English

Sometimes the instructions are given entirely in English, e.g.

Write a letter to your pen-friend saying what you did during the holidays.

One of the Boards adds to this kind of instruction a list of words and phrases in French, some of which you are expected to use, so that for the above letter you could be given a list like this:

Aller au bord de la mer – se baigner – se bronzer – jouer au ballon – pleuvoir – le beau temps – prendre le train – descendre à l'hôtel/faire du camping – se coucher tard.

Most of the Boards which give instructions in English are asking for an informal letter, but just occasionally a more formal one is required, e.g.

Write to a hotel reserving accommodation and asking for information.

Instructions in French

Some Boards give their instructions in French, e.g.

Ecrivez une lettre à un ami pour lui dire ce que vous allez faire en quittant l'école.

Or perhaps, more formally,

Ecrivez à un hôtel pour réserver des chambres.

Answering a given letter in French

Sometimes the Board asks you to reply to a letter or part of a letter written in French. You might, for example, have been asked to write David's reply to Pierre (see Chapter 1) or to have replied to the part of David's letter in which he asks about Pierre's family.

Letter arising from a given prose passage in French

One Board occasionally gives a short story and asks you to write a letter to someone telling them what happened.

4 Exercises

Short instructions in English

1 Imagine that you are going camping with your family in Brittany this summer. Write from 65 to 75 words to the manager of a camp-site asking him to reserve accommodation for you and also asking him to give you some details about the prices and amenities of the site.

Here is an example of how you might write this letter:

Liverpool, le sept mai

Monsieur,

Mes parents, ma sœur et moi avons l'intention d'aller camper en Bretagne cet été. Nous voyagerons en voiture et nous avons deux tentes. Pourriez-vous nous réserver un emplacement dans votre terrain de camping pour la deuxième semaine d'août?

Nous vous prions de nous faire savoir vos prix et aussi s'il y a de l'eau chaude et un magasin dans votre camping.

Veuillez agréer, Monsieur, l'expression de mes sentiments les plus distingués.

Richard Jones.

2 Imagine that your pen-friend has written to you to say that he/she would like to visit you this summer. Write a letter of about 65 to 75 words to explain that you are very sorry that you cannot invite him/her this year as you have already promised to have an exchange with a German boy/girl. Suggest that he/she might like to come next year instead.

Here is an example of how you might write this letter:

Swindon, le sept mars

Cher Jean-Paul,

J'ai été content d'avoir de tes nouvelles et de savoir que tout va bien chez toi.

Quelle bonne idée de venir passer tes vacances en Angleterre! Tu sais bien que j'ai très envie de te voir. Malheureusement j'ai déjà promis de faire un échange avec un garçon allemand cet été, mais je serais ravi de te recevoir l'année prochaine. Est-ce que ce sera possible?

Réponds-moi vite,
Ton ami,
Michael.

3   Imagine you are staying in France with your family and you want to stay an extra week. Write a letter of about 65 to 75 words to the Director of French Railways (la S.N.C.F.) to ask if you can change your cross-channel booking.

4   Write a letter in about 65 to 75 words to the proprietor of a vineyard in the Champagne area to ask if he would allow your class to visit his vineyard during their stay in Reims.

5   Write a letter in about 65 to 75 words to the manager of a hotel in France where you spent your holidays to thank him for sending your camera which you left behind.

6   Write a letter in about 65 to 75 words to a friend to tell him/her about the job that you did during the holidays.

7   Write a letter in about 65 to 75 words to a friend to tell him/her about a recent visit you have made to a restaurant.

8   Write a letter in about 65 to 75 words to your aunt describing a trip that you have just made to Paris.

9   Write a letter in about 80 words to your grandmother explaining why you will not be able to visit her next weekend as planned.

Here is an example of how you might write this letter:

Newcastle, le vingt avril

Ma chère grand-mère,

J'espère que tu vas très bien et que tu n'as plus mal au dos. Maman voudrait savoir si ta voisine t'a rendu visite, parce qu'elle n'aime pas que tu restes toujours seule.

Je suis désolée de te dire que je ne pourrai pas venir te voir samedi prochain parce que j'ai la grippe. Je vais mieux, mais je dois rester au lit quelques jours encore. Je te promets que je viendrai aussitôt que possible.

En attendant, je t'embrasse bien fort,

Nicole.

10 Write a letter in about 80 words to the parents of your pen-friend to tell them how much you enjoyed your recent stay in their home.
Here is an example of how you might write this letter:

Londres, le trente août

Cher Monsieur, chère Madame,
Je suis bien arrivée en Angleterre hier soir. Le voyage n'a pasété trop fatigant, parce que j'ai dormi dans le train.
Je voudrais vous remercier vivement de l'accueil merveilleux que vous m'avez fait en France. Je garderai toujours un excellent souvenir de votre famille, des repas délicieux et de toutes les excursions que j'ai faites. La visite à Paris m'a énormément plu, mais j'ai aussi apprécié les promenades à la campagne.
Dites à Lucette que je lui écrirai bientôt.
Avec mon meilleur souvenir,
Helen.

11 Write a letter in about 80 words to your parents telling them about the first week of your stay in a French family's home.

12 Write a letter in about 80 words to a friend to invite him/her to spend a weekend with you in your new house.

13 Write a letter in about 80 words to your cousin telling him/her about your recent trip to Paris.

14 Write a letter in about 80 words to a friend telling him/her about a day you have spent at the zoo.

15 Write a letter in about 80 words to a garage to complain about your new car which has broken down.

16 Imagine that you are French and write a letter in about 90 words to your parents telling them that you have arrived safely in England and settled in with your pen-friend's family.
Here is an example of how you might write this letter:

Darlington, le vingt août

Chère maman, cher papa,
Je suis bien arrivée en Angleterre hier soir. Le voyage a été un peu long parce qu'il a fallu attendre deux heures à Londres. Après avoir fait une promenade près de la gare nous avons eu juste le temps de manger un sandwich avant le départ du train.
Mr et Mrs Sellman et Janet m'attendaient sur le quai de la gare à Darlington, et nous sommes arrivés chez eux vers six heures du soir. On m'a fait voir ma belle petite chambre, où j'ai très bien dormi.

Bien que toute la famille me semble sympathique, je me sens encore un peu dépaysée aujourd'hui. J'essaierai de m'habituer à tout et de profiter de mes vacances ici.

Bons baisers,
Annette.

17 Write a letter in about 90 words to a pen-friend telling him/her how you spend your leisure time and describing a new hobby that you have recently taken up.

18 Write a letter in about 90 words to your aunt to thank her for a birthday present that she sent you.

19 Write a letter in about 90 words to a friend telling him/her about your plans for the summer holidays.

20 Write a letter in about 90 words to a friend suggesting that you go on a cycling holiday together.

21 Write a letter in French in 100–130 words to your pen-friend telling him/her about an interesting school trip you have made recently.
Here is an example of how you might write this letter:

Bristol, le quinze juin
Chère Yvette,
Tu travailles beaucoup en ce moment, n'est-ce pas? Moi aussi, je prépare mes examens, mais dans cette lettre je vais te parler de quelque chose de plus intéressant.
La semaine dernière je suis allée avec une vingtaine de camarades de classe et deux professeurs visiter la ville de Gloucester. En entrant dans la ville nous avons aperçu la magnifique cathédrale, qui est là depuis neuf cents ans et dont l'architecture est très imposante.
Après la visite de la cathédrale nous nous sommes promenés dans les petites rues étroites du vieux quartier, et puis nous avons fait des courses dans le nouveau centre commercial. Tout le monde s'est très bien amusé.
Quand tu viendras en Angleterre je te ferai visiter toutes sortes d'endroits intéressants.

Ton amie anglaise,
Jennifer.

22 Write a letter of 100–130 words to a pen-friend to tell him/her what life is like in your school.

23 Write a letter of 100–130 words to a pen-friend to tell him/her about a day when everything seemed to go wrong for you.

24 Imagine that you left school three months ago. Write a letter of 100–130 words to your former French teacher saying what you are doing now.

25 You are due to spend your holidays in a villa at Cannes with your family, but you need to change the dates. Write a letter of 100–130 words to the owner to see if this is possible.

26 Write a letter of about 120 words to a French pen-friend asking him/her if he/she knows of a suitable correspondent for a friend of yours, and telling him/her something about this friend.

Here is an example of how you might write this letter:

> Sutton Coldfield, le quatre avril
>
> Cher François,
>
> Ça fait plus de deux ans que je t'écris et je trouve tes lettres si intéressantes que j'en parle souvent à mon ami Neil. L'autre jour il m'a dit qu'il voudrait bien avoir un correspondant français, lui aussi. Est-ce que tu connais quelqu'un qui aimerait lui écrire?
>
> Neil est un peu plus jeune que moi, n'ayant que quatorze ans. Il est assez fort en français, et je crois qu'il est déjà allé en France avec ses parents. Son père est professeur d'anglais, mais sa mère ne travaille pas. Neil a un frère aîné et une sœur cadette. C'est un garçon sportif qui joue au football et qui sait très bien nager. Je crois qu'il joue aussi du violon.
>
> Si tu connais quelqu'un qui voudrait un correspondant anglais, parle-m'en un peu et envoie-moi son adresse, s'il te plaît.
>
> Bien à toi,
> Peter.

27 Write a letter of about 120 words to a French pen-friend inviting him/her to stay with you and telling him/her about the town you live in.

28 Write a letter of about 120 words to a French pen-friend telling him about life on your father's farm and asking him to tell you about life in the centre of Paris.

29 Imagine that you are French and write a letter of about 120 words to your parents telling them about your visit to your grandmother's house in the country.

30 Your son has just returned from a holiday in France. Write a letter of about 120 words to the family with whom he stayed to thank them for looking after him so well.

31 Write a letter in French, in about 100 to 150 words, to a French friend, telling him/her how you spent your half-term holiday at Whitsuntide, and what you will be doing at school for the rest of the term. Make use of some of the following suggestions:

partir en vacances – rester à la maison – le beau temps – jouer au tennis/cricket – aller à la piscine – faire des promenades – étudier – passer des examens – s'amuser – faire des excursions – quitter l'école.

Here is an example of how you might write this letter:

Birmingham, le huit juin

Cher Claude,

      Nous avons eu une semaine de vacances à la Pentecôte et j'en ai profité pour faire du sport. Il a fait très beau et j'ai joué au tennis avec mes camarades et je suis allé me baigner à la piscine.

      Malheureusement je dois passer mes examens ce mois-ci, et j'ai dû passer une partie du temps à étudier. Puisque je passe huit examens, j'ai beaucoup de travail. J'aime bien les mathématiques et la géographie, mais je trouve le français et l'histoire assez difficiles.

      Tu as de la chance d'être en vacances à la fin du mois. Notre trimestre ne finit que le vingt juillet, mais après les examens nous ferons des excursions à la campagne et nous nous amuserons à l'école. Si je réussis à mes examens je resterai à l'école pour continuer mes études, mais si j'échoue je serai obligé de chercher du travail.

      Et toi, qu'est-ce que tu fais en ce moment? Ecris-moi pour me le dire.

Cordialement,
Peter.

32   Write a letter in French, in about 100–150 words, to a French friend, describing your journey home after a fortnight spent with his family, and what you intend to do when he comes to stay with you. Make use of some of the following suggestions:

prendre le train/bateau/avion – traverser la Manche – manger au restaurant – montrer les passeports – passer la douane – arriver à l'heure/arriver en retard – avoir le mal de mer – se promener à bicyclette/en voiture/à cheval – aller à la piscine – faire une excursion – jouer au tennis/football – faire du camping – aller à la pêche.

33   Write a letter in French, in about 100–150 words, to a French friend, describing a day spent fishing, and your plans for your next fishing trip. Make use of some of the following suggestions:

passer la journée – aller à la pêche – se mettre en route – une canne à pêche – le beau temps/le mauvais temps – attraper un poisson – faire un pique-nique – un repas froid – se remettre en route – rentrer tard – aller à bicyclette – des vêtements chauds/un imperméable.

34   Write a letter in French, in about 100–150 words, to a French friend telling him/her about a party that you went to on Saturday evening, and about what you will be doing at school during the next few weeks. Make use of some of the following suggestions:

être invité à une surprise-partie – fêter un anniversaire – offrir un cadeau – danser – écouter des disques – boire – la limonade/la bière – se coucher tard – travailler dur – faire des devoirs – passer des examens – faire du sport.

35 Write a letter in French, in about 100–150 words, to a French friend telling him/her about a day that you have just spent at the seaside, and about the temporary job that you hope to do during the summer holidays. Make use of some of the following suggestions:

se lever de bonne heure – prendre le train – voyager en auto – aller au bord de la mer – se baigner – se bronzer – jouer sur la plage – pique-niquer – rentrer tard – gagner de l'argent – trouver un poste – une usine/un bureau/un magasin.

36 Write a letter in French, in about 100–150 words, to a French friend, describing an evening spent at a youth club, and a club outing that is planned for next week. Make use of some of the following suggestions:

passer la soirée – le club de jeunes – jouer au ping-pong/aux cartes – danser – écouter des disques – causer avec des amis – jouer de la guitare – faire une excursion – partir de bonne heure – aller au bord de la mer/à la campagne – visiter un château/un jardin zoologique/un jardin public – jouer au football – manger au restaurant – voyager en autocar.

37 Write a letter in French, in about 100–150 words, to a French friend, describing a camping holiday from which you have just returned, and what you intend to do next year for your holidays. Make use of some of the following suggestions:

faire du camping – en pleine campagne – dresser la tente – le sac de couchage – préparer les repas – faire la vaisselle – faire des excursions – jouer au football/au cricket/au volleyball – une auberge de jeunesse/un hôtel/une caravane – aller à l'étranger – s'amuser bien – aller en voiture – le beau temps/le mauvais temps.

38 Write a letter in French, in about 100–150 words, to a French friend, describing an accident you saw in the street in which one of your friends was involved, and what you are going to do for him/her while he/she is in hospital. Make use of some of the following suggestions:

se promener à bicyclette – rouler à toute vitesse – klaxonner – renverser – blesser – faire venir une ambulance – téléphoner à la police – transporter à l'hôpital – se casser la jambe – rendre visite – promener son chien – apporter des livres – apporter des fruits.

39 You have just bought a new puppy. Write a letter in French, in about 100–150 words, to a French friend, describing his first day in your house, and your plans for the weekend. Make use of some of the following suggestions:

s'appeler – aboyer – jouer – monter l'escalier – casser – s'installer dans un fauteuil – s'endormir – déchirer les chaussures – chasser le chat – faire une promenade au parc/à la campagne – courir dans les champs – prendre des photos – faire un pique-nique.

40 Write a letter in French, in about 100–150 words, to a French friend, describing your first outing in your father's new car, and where you intend to go next. Make use of some of the following suggestions:

acheter une voiture neuve – faire une excursion – prendre le volant – rouler – tomber en panne – chercher un garage/une station-service – faire le plein – se remettre en route – en pleine campagne – à toute vitesse – le beau temps – aller au bord de la mer – passer une journée à la campagne – rendre visite à ma tante.

Answering letters (i)

41   Imagine that you have received from a French pen-friend a letter, part of which is given below. Write a complete letter in reply, in at least 120 words, answering the various points made by your friend, who may be male or female.

'Ta pauvre mère. Je suis désolé(e) d'apprendre qu'elle est à l'hôpital. Y restera-t-elle longtemps? Comment l'accident de voiture s'est-il produit? Ton père doit être très occupé. Qu'est-ce que tu fais pour l'aider à la maison, et qui s'occupe de ta petite sœur?'

Here is an example of how you might write this letter:

Worcester, le deux juin

Chère Liliane,

    Merci bien de ta gentille lettre qui m'a consolée un peu car j'ai été très inquiète ces derniers jours à cause de l'accident de maman. Maintenant je suis heureuse de te dire qu'elle va beaucoup mieux, et qu'elle rentrera à la maison dans quelques jours.

    L'accident s'est produit quand maman conduisait sur l'autoroute. Elle ne roulait pas vite, mais il faisait du brouillard, et d'autres conducteurs moins prudents la dépassaient. Une voiture est entrée en collision avec la voiture de maman qui a été blessée à la tête et aux jambes. Heureusement que ce n'est pas grave.

    Tu as raison. Papa court de la maison au bureau et du bureau à l'hôpital. Moi, je fais les courses, et je fais souvent la vaisselle, mais je n'ai pas trop de travail à faire parce que ma tante Rose est arrivée samedi et c'est elle qui fait le ménage et qui s'occupe de ma petite sœur.

    J'espère que tout le monde va bien chez toi et que tu m'écriras bientôt.

Bien amicalement,

Jeanne.

42   Imagine that you have received from a French pen-friend a letter, part of which is given below. Write a complete letter in reply, in at least 120 words, answering the various points made by your friend, who may be male or female.

'Je suis très curieux (curieuse) de savoir si ton emploi du temps ressemble au mien. A quelle heure te lèves-tu le matin, et quand est-ce que tu commences ton premier cours à l'école? Combien de temps dure chaque cours? As-tu une récréation le matin ou l'après-midi? Qu'est-ce que tu fais quand tu rentres à la maison l'après-midi?'

43   Imagine that you have received from a French pen-friend a letter, part of which is given below. Write a complete letter in reply, in at least 120 words, answering the various points made by your friend, who may be male or female.

'Tu m'as dit que tu vas quitter l'école cette année, mais tu ne m'as pas parlé de tes projets pour l'avenir. Quel travail vas-tu faire, et quand le commenceras-tu? Est-ce que tu vas continuer tes études aussi? Comment dépenseras-tu l'argent que tu recevras en travaillant?'

44   Imagine that you have received from a French pen-friend a letter, part of which is given below. Write a complete letter in reply, in at least 120 words, answering the various points made by your friend, who may be male or female.

'J'ai été surpris(e) d'apprendre que tu n'habites plus la campagne. Pourquoi habites-tu maintenant une grande ville? Décris-moi cette ville, et n'oublie pas de me parler de ta maison et de ton école. Est-ce que tu préfères habiter la ville ou la campagne? Qu'en pensent ta sœur et tes parents?'

45   Imagine that you have received from a French pen-friend a letter, part of which is given below. Write a complete letter in reply, in at least 120 words, answering the various points made by your friend, who may be male or female.

'Ce soir maman a préparé un excellent coq au vin, et nous avons très bien dîné. Comment sont tes repas en Angleterre? A quelle heure manges-tu le matin et le soir? Est-ce que tu rentres à la maison à midi, ou est-ce que tu restes à l'école? Aimes-tu le déjeuner à la cantine à l'école? Qu'est-ce que tu bois?'

46   Imagine that you have received from a French pen-friend a letter, part of which is given below. Write a complete letter in reply, in at least 120 words, answering the various points made by your friend, who may be male or female.

'Je viens de passer une heure à faire mon devoir de chimie. Combien de temps passes-tu à faire tes devoirs chaque soir? Quelles matières étudies-tu à l'école, et lesquelles préfères-tu? Fais-tu des sports ou de la gymnastique tous les jours?'

47   Imagine that you have received from a French pen-friend a letter, part of which is given below. Write a complete letter in reply, in at least 120 words, answering the various points made by your friend, who may be male or female.

'Dans ta première lettre tu m'as parlé de ta famille, mais tu n'as rien dit de la maison où vous habitez tous. Où se trouve-t-elle exactement, et comment est-elle? Veux-tu me décrire ta chambre? Est-ce que tu as mis des posters au mur? Parle-moi aussi du jardin si tu en as un.'

48   Imagine that you have received from a French pen-friend a letter, part of which is given below. Write a complete letter in reply, in at least 120 words, answering the various points made by your friend, who may be male or female.

'Tu as eu de la chance d'avoir eu une semaine de vacances pour la Pentecôte. Comment as-tu passé cette semaine? Tes parents travaillaient-ils, ou êtes-vous tous partis en vacances? N'as-tu rien fait pour préparer tes examens?'

49   Imagine that you have received from a French pen-friend a letter, part of which is given below. Write a complete letter in reply, in at least 120 words, answering the various points made by your friend, who may be male or female.

'Tu dois être si content(e) d'avoir deux petits chats. D'où viennent-ils? Comment sont-ils, et quel âge ont-ils exactement? Qu'est-ce que tu leur donnes à boire et à manger? Comment passent-ils le temps quand tu es en classe?'

50   Imagine that you have received from a French pen-friend a letter, part of which is given below. Write a complete letter in reply, in at least 120 words, answering the various points made by your friend, who may be male or female.

'J'espère que tu vas mieux maintenant. Combien de jours es-tu resté(e) au lit, et quand est-ce que tu pourras reprendre tes études? Qui t'a soigné(e) pendant que ta mère était au travail? Tu as dû t'ennuyer à la maison. Qu'est-ce que tu as fait pour passer le temps? Est-ce que le médecin te permet de sortir un peu maintenant?'

51   Imagine that you are Anne, and that you have received the following letter from a French girl. Write a letter of about 65–75 words in reply, giving the required details.

                                        Versailles, le neuf novembre

Chère Anne,

        J'ai été très heureuse de recevoir votre lettre parce que c'est la première fois que je corresponds avec une jeune Anglaise.

        Ce que vous m'avez dit de votre famille est très intéressant, mais voulez-vous me parler aussi de votre école et de vos passe-temps préférés?

        A l'école je joue au volleyball et je vais souvent à la piscine, parce que j'adore la natation. Quels sports pratiquez-vous?

        J'ai un beau petit chien qui s'appelle Toto et je fais de longues promenades avec lui. Avez-vous des animaux à la maison?

                Amicalement,

                  Sylvie.

Here is an example of how you might answer this letter:

Coventry, le vingt novembre

Chère Sylvie,

Votre lettre m'a fait plaisir et j'essaierai de répondre à toutes vos questions.

Dans mon école il y a plus de mille élèves et nous travaillons beaucoup. Nous ne jouons pas au volleyball comme vous, mais nous jouons au netball et nous allons à la piscine une fois par semaine.

A la maison, j'aime coudre et lire. Malheureusement je n'ai pas d'animaux à la maison, parce que ma mère travaille en ville.

Amicalement,

Anne.

52 Imagine that you are Robin, and that you have received the following letter from a French boy. Write a letter of about 65–75 words in reply, giving the required information.

Parly Deux, le cinq avril

Cher Robin,

Je suis vraiment content de savoir que tu pourras passer quelques semaines chez moi cet été. Mes parents m'ont dit de te demander quand tu arriveras et combien de temps tu resteras.

Comment voyageras-tu? Nous pourrions aller te chercher à la gare ou bien à l'aéroport à Paris.

Qu'est-ce que tu aimerais faire pendant ton séjour ici? Nous visiterons certainement Paris, mais quels monuments t'intéressent le plus?

Ici on pourrait faire du sport si tu veux, ou on pourrait faire des excursions à la campagne. Dis-moi ce que tu en penses dans ta prochaine lettre.

Cordialement,

Bernard.

53 Imagine that you are Joan and that you have received the following letter from a French girl. Write a letter of about 65–75 words in reply, giving the required details.

Avignon, le huit juillet

Chère Joan,

Ce matin j'ai acheté une nouvelle robe pour mon prochain voyage en Angleterre. Quels vêtements aimes-tu acheter? On m'a dit que les jeunes Anglaises achètent beaucoup de vêtements parce que ça coûte moins cher qu'en France.

Est-ce vrai que vous portez toutes les mêmes vêtements pour

aller en classe? Comment est-il cet 'uniforme'? Que portent les garçons à ton école?

Quand tu sors le soir, comment t'habilles-tu? Portes-tu aussi des bijoux? Est-ce toi qui choisis tes vêtements?

Quand tu m'écriras, dis-moi ce que tu penses de la dernière mode en Angleterre.

Amicalement,
Monique.

54 Imagine that you are Diana and that you have received the following letter from a French girl. Write a letter of about 65–75 words in reply, giving the required details.

Epernay, le neuf avril

Chère Diana,

Vous m'avez dit que vous habitez une grande maison à la campagne. Vous devez avoir beaucoup plus de travail que nous dans notre petit appartement au-dessus de la pâtisserie. Qu'est-ce que vous faites exactement pour aider votre mère avec le ménage et avec les repas?

Quelles distractions avez-vous à la campagne? J'aime tellement le cinéma, le théâtre et les grands magasins. Est-ce que vous aimeriez mieux habiter la ville aussi?

Votre amie française,
Laurence.

55 Imagine that you are Richard and that you have received the following letter from a French boy. Write a letter of about 65–75 words in reply, giving the required details.

Montluçon, le douze octobre

Cher Richard,

Samedi après-midi et je suis libre! Ce matin j'ai eu des cours à l'école mais cet après-midi je pourrai faire tout ce que je veux. Comment passes-tu le weekend? Que font les Anglais le weekend? Est-ce vrai qu'ils s'ennuient et ne s'amusent pas?

Nous sortons toujours le dimanche après-midi si papa ne regarde pas les sports à la télévision. Quels programmes préfères-tu à la télévision, et quand les regardes-tu? Y a-t-il aussi de bonnes émissions à la radio?

Ecris-moi bientôt.

Ton ami,
Jacques.

56   Imagine that you are James and that you have received the following letter from a French boy. Write a letter of about 65–75 words in reply, giving the required details.

Bordeaux, le seize juillet

Cher James,

    Quel temps fait-il en Angleterre? Ici il fait très chaud et je profite des vacances pour aller à la piscine presque tous les jours. Sais-tu nager?

    Je suppose que tu joues souvent au cricket. Veux-tu me dire combien de garçons il y a dans une équipe de cricket, et quels vêtements on porte pour y jouer?

    Es-tu en vacances comme moi? Sinon, à quelle date tes vacances commencent-elles? Pars-tu encore pour l'Ecosse? Je voudrais savoir pourquoi tant d'Anglais y passent leurs vacances. Es-tu allé en Irlande ou au Pays de Galles? Qu'est-ce qu'il y a d'intéressant dans ces deux petits pays?

    A bientôt de te lire.

Amitiés,
Marcel.

57   Imagine that you are Janet and that you have received the following letter from a French girl. Write a letter of about 65–75 words in reply, giving the required details.

Lille, le trois février

Chère Janet,

    Merci de ta lettre dans laquelle tu m'as parlé de la musique. Je comprends que tu n'as pas beaucoup de temps pour m'écrire puisque tu joues de deux instruments de musique. Combien de temps passes-tu chaque jour à en jouer, et lequel préfères-tu? Depuis combien de temps prends-tu des leçons de musique? As-tu la possibilité de jouer dans un orchestre?

    Quant à moi, j'écoute souvent de la musique à la radio. Et toi? Tu préfères peut-être aller au concert ou écouter des disques?

    Dans ta prochaine lettre dis-moi si tu as aussi d'autres passe-temps.

Bien à toi,
Nadine.

58   Imagine that you are Neil and that you have received the following letter from a French boy. Write a letter of about 65 to 75 words in reply, giving the required details.

Strasbourg, le dix octobre

Cher Neil,

    Tu as de la chance d'avoir reçu une motocyclette pour ton anniversaire. A quel âge a-t-on le droit de conduire une moto en Angleterre et quand passeras-tu ton examen de permis de conduire? Moi, je n'ai qu'un vélomoteur que je conduis depuis un an.

Habites-tu assez près de l'école pour y aller en moto? Je ne sais pas le prix de l'essence en Angleterre, mais je me demande comment tu trouveras assez d'argent pour payer l'essence, l'assurance et l'entretien de ta moto.

Y a-t-il beaucoup d'accidents sur les routes de ton pays? Je crois que les conducteurs roulent trop vite ici.

Cordialement,
Vincent.

59 Imagine you have received the letter set out below from a friend in France. Write a letter of 150 to 200 words, in French, answering your friend's questions, and in addition, ask your friend how much holiday he/she had for Christmas, what his/her parents gave him/her for Christmas, and if it has snowed in France.

Paris, le trois janvier

Cher (Chère) . . .

Merci beaucoup de ta lettre et de la carte de Noël. Comment as-tu passé le jour de Noël et quels cadeaux as-tu reçus?

Il me reste encore quelques jours de vacances. Et toi, à quelle date est-ce que tu rentreras à l'école? Comment passeras-tu le reste des vacances?

Quel temps fait-il en Angleterre? Peux-tu sortir souvent? Qu'est-ce que tu fais quand tu dois rester à la maison?

Je joue beaucoup avec mon petit frère. Ta grande sœur est-elle revenue à la maison? Est-ce qu'elle étudie beaucoup, ou est-ce qu'elle travaille pendant les vacances pour gagner de l'argent?

Ecris-moi bientôt.

Affectueusement,
Jacques (Jacqueline).

Here is an example of how you might answer this letter:

Derby, le dix janvier

Cher Jacques,

Je te réponds vite parce que je vais rentrer en classe dans deux jours, et Noël me semble déjà loin.

Le jour de Noël nous nous sommes levés de bonne heure et nous avons ouvert nos cadeaux en revenant de l'église. Mes parents m'ont offert un électrophone, et je me suis beaucoup amusé avec ça. J'ai reçu aussi des disques et de l'argent.

Après un bon déjeuner de dindon et de pouding de Noël nous avons écouté la reine à la radio. Le soir nous avons fait toutes sortes de petits jeux amusants.

Je vais passer les deux jours de vacances qui me restent à la maison. Je dois préparer mes livres et mes affaires. Demain soir mes copains viendront et nous écouterons des disques.

Il fait très froid ici mais il ne neige pas et je sors assez souvent. Quand je reste chez moi je lis ou je regarde la télévision. De temps en temps je fais la vaisselle pour aider ma mère!

Oui, ma sœur a passé presque quatre semaines à la maison. Pendant les grandes vacances elle travaillera dans une usine pour gagner de l'argent, mais en ce moment elle prépare des examens et elle se repose un peu.

Tu auras probablement repris tes cours quand tu recevras cette lettre. Ne travaille pas trop dur!

Amicalement,
Peter.

60   Imagine you have received the letter set out below from a friend in France. Write a letter of 150 to 250 words, in French, answering your friend's questions, and in addition, ask how many stamps he or she has and from which countries they come. Ask also what he/she would like to do if his/her parents allowed him/her to go out often in the evening.

Metz, le quatorze mars

Cher (Chère) . . .

Pourquoi est-ce que tu ne m'écris plus? Ça fait deux mois que je n'ai pas reçu une lettre de toi.

Aujourd'hui c'est mercredi et je ne vais pas en classe. Est-ce que tu as un jour de congé pendant la semaine comme moi? C'est très agréable parce que je peux faire du sport. Quel sport préfères-tu? S'il pleut je reste à la maison et je m'occupe de ma collection de timbres. As-tu jamais collectionné des timbres?

Hier matin mon réveil-matin n'a pas sonné et on m'a grondé(e) quand je suis arrivé(e) en retard à l'école. Que disent tes professeurs si tu es en retard? Mon professeur d'anglais est très sympathique. Il est jeune et il rit souvent. Comment est ton professeur de français?

On m'a dit que les jeunes Anglais sont très libres. Est-ce que tes parents te permettent de sortir souvent le soir et de rentrer tard? Où vas-tu si tu sors?

A bientôt de te lire.

Ton ami(e)
Victor (Véronique).

61   Imagine you have received the letter set out below from a friend in France. Write a letter of 150 to 250 words, in French, answering your friend's questions, and, in addition, asking what kinds of flowers and vegetables your friend has in his/her garden; whether he/she can swim, and whether the Bretons have tried to clean the beaches ready for the summer tourists.

La Baule, le dix-huit juin

Cher (Chère) . . .

Il fait si beau aujourd'hui que je suis assis(e) dans le jardin entouré(e) de fleurs et de légumes. Mon père est si fier de son jardin! Comment est le jardin chez toi, et qui s'en occupe?

Ma mère est près de moi, occupée à lire la page des femmes dans le journal. Lis-tu souvent un journal? Quels articles t'intéressent le plus?

J'ai envie d'aller à la piscine cet après-midi, mais c'est trop loin. A quelle distance se trouve la piscine de ta maison? Y vas-tu souvent en été? Peut-être que tu préfères le cricket ou la pêche, s'il reste des poissons dans les rivières. Est-ce vrai qu'il y a de la pollution en Angleterre comme en France? Ici en Bretagne il y a de l'huile sur les plages et beaucoup d'oiseaux de mer sont morts. La même chose est-elle arrivée en Angleterre?

Je vais mettre cette lettre à la poste.

Amicalement,
Henri (Henriette).

62 Imagine you have received the letter set out below from a friend in France. Write a letter of 150 to 250 words, in French, answering all the questions asked as fully as possible. In addition tell your pen-friend that you will be going to Paris with your parents during the summer holidays, and ask if it will be possible to see him/her there.

Paris, le vingt juin

Cher (Chère) . . .

Excuse-moi de ne pas avoir répondu plus vite à ta dernière lettre, mais je viens de passer des examens importants. Et toi, quels examens passes-tu cette année?

Pour moi, les résultats sont très importants parce que je quitte le lycée à la fin du mois et en octobre je vais commencer mes études dans une Ecole d'Hôtellerie. Quand quitteras-tu le lycée, et quel travail veux-tu faire quand tu auras fini tes études?

Maintenant je me repose un peu. Hier j'ai vu un bon film et demain j'irai à la piscine. Raconte-moi ce que tu fais d'intéressant en ce moment. Vas-tu souvent au cinéma? Aimes-tu la natation, ou préfères-tu un autre sport comme le cricket? Est-ce vrai qu'il pleut toujours quand on joue au cricket en Angleterre? A Paris il fait très beau aujourd'hui.

Ecris-moi vite.

Ton ami(e),
Yves (Yvette).

63 Imagine that you have received the letter set out below from a friend in France. Write a letter of 150 to 250 words, in French, answering all the questions as fully as possible. In addition tell him/her that your parents have bought you a new bicycle for your birthday, but because of this you cannot go away on holiday this year, and ask where he/she is going on holiday.

Paris, le onze juillet

Cher (Chère) . . .

Je pense à toi parce que je viens de voir une émission internationale de Jeux Sans Frontières à la télévision où l'équipe de Brighton a gagné. Sais-tu où se trouve Brighton? Je me demande si tu as vu cette émission et si tu regardes souvent la télévision.

L'autre jour j'ai vu une étape du Tour de France. Les cyclistes roulaient très vite. Voudrais-tu être coureur cycliste? Où vas-tu quand tu fais une promenade à vélo?

Le ski est presque aussi populaire que le cyclisme en France. Où est-ce qu'on peut faire du ski en Grande Bretagne? En as-tu fait? Ou préfères-tu des vacances plus tranquilles? Ma cousine s'est cassé la jambe quand elle a fait du ski dans les Alpes. As-tu jamais eu un accident comme ça?

Maman vient de me demander d'aller lui acheter quelques provisions. Où vas-tu si tu fais des courses? A quelle heure ferment les magasins en Angleterre?

Je te quitte parce que maman m'appelle.

Amitiés,
Jean (Jeanne).

64 Imagine that you have received the letter set out below from a friend in France. Write a letter of 150 to 250 words, in French, answering all the questions as fully as possible. In addition tell him/her that he/she is lucky to be going to Italy as there are many interesting places to visit there, but also tell him/her why you would not like to live in America. Ask what kind of a job he/she hopes to do there.

Chinon, le vingt-cinq mai

Cher (chère) . . .

Je suis désolé(e) mais je ne pourrai pas aller en Angleterre cette année parce que je vais en Italie avec mes parents.

Es-tu déjà allé(e) à l'étranger? Sinon quels autres pays voudrais-tu visiter? J'adore voyager et je pense que j'irai travailler aux Etats-Unis quand j'aurai terminé mes études. Beaucoup d'Anglais vont habiter l'Australie et la Nouvelle Zélande, n'est-ce pas? D'après toi, quels sont les avantages et les inconvénients de cette émigration?

Tu es très gentil(le) de m'avoir invité(e) à faire du camping avec toi au Pays de Galles. Dans quelle région vas-tu camper et pour combien de temps? Y a-t-il de bons terrains de camping au Pays de Galles ou faut-il camper dans un champ? Comment vas-tu porter tout le matériel de camping? Tu ne m'as pas dit si tu pars avec ta famille ou avec des copains.

J'attends ta réponse avec impatience.

Bien à toi,

Maurice (Marie-Françoise).

65 Write a reply in French to the following letter, dealing with EACH of the matters raised by Paulette. Your answer must be between 140 and 150 words long and must be in the form of a continuous letter.

Saint-Junien, le quinze novembre

Cher André,

J'ai été surprise de ne pas te voir vendredi soir à la Maison des Jeunes. J'espère que tu n'es pas malade. Christian m'a dit qu'il ne t'a pas vu au lycée la semaine dernière. Où étais-tu?

A la Maison des Jeunes l'animateur nous a demandé ce que nous voudrions faire vendredi prochain. As-tu des idées? Ne me parle pas des sports, s'il te plaît. Tu sais bien ce que j'en pense, n'est-ce pas?

Que vas-tu faire samedi prochain? Veux-tu m'accompagner chez Josette? Elle vient d'acheter un nouveau disque de Claude Leclerc et je crois bien t'avoir entendu dire que tu aimes bien ce chanteur.

Sais-tu où habite Josette? Ce n'est pas loin d'ici. Ecris-moi pour me dire à quelle heure tu viendras me chercher et quand tu seras obligé de rentrer le soir.

Ton amie,

Paulette.

Here is an example of how you might write this letter:

Saint-Junien, le seize novembre

Chère Paulette,

Tu es gentille d'avoir pensé à moi vendredi soir. Oui, j'ai été un peu malade la semaine dernière. Un gros rhume m'a empêché d'aller au lycée mais je vais beaucoup mieux maintenant et je te verrai à la Maison des Jeunes ce vendredi.

Je sais bien que tu n'es pas du tout sportive et je ne proposerai donc pas une partie de football. Si quelqu'un apportait un électrophone et des disques à la Maison des Jeunes, on s'amuserait bien à danser, n'est-ce pas?

Je n'ai pas d'autres projets pour samedi et je serai ravi de t'accompagner chez Josette. Tu as raison de croire que la musique de Leclerc me plaît beaucoup.

Je ne sais pas où habite Josette. Peux-tu lui téléphoner pour le savoir? J'arriverai chez toi vers huit heures et demie, et je ne devrai rentrer que vers onze heures.

A bientôt,
André.

66 Write a reply in French to the following letter, dealing with EACH of the matters raised by Georges. Your answer must be between 140 and 150 words long and must be in the form of a continuous letter.

Châteauneuf-la-Forêt, le deux septembre

Chère Colette,

Pourquoi est-ce que tu ne m'as pas écrit depuis si longtemps? J'espère que tu me donneras bientôt de tes nouvelles.

Dans ta dernière lettre tu m'as dit que tu quitterais peut-être l'école en juillet, mais que cela dépendait des résultats de tes examens. Même si tu as déjà quitté l'école, j'espère que tu te reposes un peu avant de commencer à travailler.

Dans deux jours je vais partir au bord de la mer pour une semaine. Iras-tu à la maison de campagne de tes parents cette année, ou as-tu d'autres projets?

Est-ce que tu t'intéresses toujours autant à la musique? Je suppose que tu n'auras pas eu beaucoup de temps cet été pour aller au concert.

Que devient ton frère aîné? A-t-il terminé ses études ou rentrera-t-il à l'université en octobre? Que pense-t-il de la vie d'étudiant à Paris?

Amitiés,
Georges.

67 Write a reply in French to the following letter, dealing with EACH of the matters raised by Lucien. Your answer must be between 140 and 150 words long and must be in the form of a continuous letter.

Nancy, le trente et un mai

Mon cher Thomas,

La nouvelle que vous m'avez annoncée dans votre lettre m'a surpris. Pourquoi est-ce que vous allez habiter Bristol après avoir vécu si longtemps dans le nord? Savez-vous déjà quand vous allez déménager, et avez-vous acheté une nouvelle maison à Bristol? Je me demande si vous serez triste ou content de quitter votre ville natale et si vous avez déjà obtenu une place dans un lycée à Bristol.

Que de changements dans votre vie! Que pense votre frère de tout ceci? Est-ce que votre sœur va vous accompagner à Bristol? Vous m'avez dit qu'elle allait se marier avec un Ecossais cet été.

Quant à moi, j'attends les vacances avec impatience. J'espère

que vous aurez le temps d'en prendre avant le déménagement et
que vous trouverez aussi le temps de m'écrire.

Votre ami,
Lucien.

68 Write a reply in French to the following letter, dealing with EACH of
the matters raised by Simone. Your answer must be between 140 and
150 words long and must be in the form of a continuous letter.

Loches, le huit septembre

Chère Arlette,

Merci beaucoup de ta longue lettre. Je l'ai trouvée
très intéressante, surtout cette partie où tu parles de tes vacances.
As-tu vu David depuis? Où habite-t-il? T'a-t-il écrit? Que fait-il
dans la vie?

Quand est-ce que tu reprends l'école? Quelles matières
étudieras-tu cette année? Est-ce que tu devras passer des examens
en novembre, comme l'année dernière?

Je crois que c'est aujourd'hui que ton frère revient des
Etats-Unis. Ça fait combien d'années qu'il est là-bas? A-t-il
beaucoup changé? Combien d'années va-t-il passer en Angleterre
cette fois?

A bientôt de te lire,
Simone.

69 Write a reply in French to the following letter, dealing with EACH of
the matters raised by Henri. Your answer must be between 140 and 150
words long, and must be in the form of a continuous letter.

Tours, le deux juillet

Cher Alain,

Il fait extrêmement chaud ici depuis trois jours.
Fait-il aussi beau chez toi? Que fais-tu quand il fait beau? Ont-ils
fini de construire la nouvelle piscine dont tu m'as parlé il y a
quelques mois?

Voilà quatre mois que je n'ai pas de nouvelles de Marie; as-tu
reçu de ses nouvelles? Elle a dit qu'elle allait te rendre visite à
Pâques: est-ce qu'elle est venue te voir? Qu'est-ce que vous avez
fait ensemble?

C'est dommage qu'il te soit impossible de venir en France cet
été. Quand reviendras-tu? Tu auras sûrement des vacances en
Angleterre cependant. Où vas-tu les passer, et avec qui?

Ecris-moi bientôt et dis-moi combien de temps cette lettre a mis
pour te parvenir – je me méfie toujours de la Poste!

Ton ami,
Henri.

70 Write a reply in French to the following letter, dealing with EACH of the matters raised by Dominique. Your answer must be between 140 and 150 words long, and must be in the form of a continuous letter.

Fréjus, le quatre décembre

Chère Andrée,

Je t'écris ce soir parce que je suis toute seule à la maison, maman et papa étant sortis. Je lis, j'écris, et j'ai mille choses à faire. Qu'est-ce que tu fais quand tu es seule à la maison?

Tu me demandes si j'aime faire la cuisine comme toi. Il faut t'avouer que je préfère manger les bons plats que prépare ma mère. Et toi, quels plats aimes-tu préparer? As-tu une spécialité? Est-ce que quelqu'un t'aide à faire la vaisselle après le repas?

Samedi dernier je suis allée au théâtre où j'ai vu une pièce très amusante. Qu'est-ce que tu as fait d'intéressant? Si tu es allée au cinéma tu pourrais peut-être me recommander un bon film.

N'oublie pas que tu as promis de venir me voir cet été. Ce serait formidable si tu pouvais venir en août quand il fait chaud.

Affectueusement,

Dominique.

71 Write a reply in French to the following letter, dealing with EACH of the matters raised by Danièle. Your answer must be between 140 and 150 words long, and must be in the form of a continuous letter.

Moulins, le deux mars

Ma chère Gaby,

Ça fait presque huit jours que je suis de retour à la maison après notre séjour ensemble à l'hôpital et je me presse de t'écrire avant que tu ne quittes l'hôpital.

Veux-tu me donner des nouvelles de ta santé et de tout le monde à l'hôpital? La petite infirmière blonde qui est si gentille, y travaille-t-elle toujours? Et Monique, la jeune fille qui a eu un accident de voiture, est-elle encore là?

Je vais assez bien mais je m'ennuie un peu à la maison. Qu'est-ce que tu fais maintenant, sans moi? Y a-t-il quelqu'un dans mon lit? A propos, sais-tu si j'ai laissé mes pantoufles sous le lit? Je ne les trouve plus.

Si tu veux je viendrai te voir à l'hôpital ou bien chez toi quand tu seras rentrée parce que le médecin a dit que je pourrai sortir après-demain. Dis-moi ce que tu préfères.

A bientôt,

Danièle.

72 Write a reply in French to the following letter, dealing with EACH of the matters raised by your mother. Your answer must be between 140 and 150 words long, and must be in the form of a continuous letter.

Rouen, le sept octobre

Ma chère fille,

Je suis bien arrivée à Rouen mercredi soir, et ton oncle Georges est venu me chercher à la gare. Malheureusement tante Lucie ne va pas mieux, et tes petits cousins auront besoin de moi pour quelques jours encore. Est-ce que vous pourrez vous débrouiller à la maison sans moi? Ecris-moi vite pour me dire tout ce qui se passe.

Madame Clary est-elle venue faire le ménage hier matin? J'espère qu'elle n'a pas encore oublié de nettoyer la salle de bains! Est-ce toi qui fais les courses et la cuisine? Qui t'aide à faire la vaisselle? Je compte sur toi pour me dire si Jean se couche trop tard et si Cathie néglige ses devoirs.

Demande à papa à quelle heure il sortira de sa réunion lundi matin s'il te plaît, et dis-lui que, s'il est là, je lui téléphonerai au bureau. En cas d'urgence vous pourriez me téléphoner chez la voisine, Madame Dupont.

Embrasse ton petit frère et ta petite sœur pour moi.

Bons baisers,

Maman.

Short instructions in French

73 Ecrivez une lettre (120 à 150 mots) à votre grand-mère pour la remercier du cadeau de Noël qu'elle vous a envoyé.

Here is an example of how you might write this letter:

Rouen, le vingt-huit décembre

Ma chère grand-mère,

Que tu es gentille de m'avoir envoyé la belle robe rouge comme cadeau de Noël! Tout de suite après avoir défait le paquet j'ai essayé la robe. J'en suis enchantée car elle me va parfaitement bien. Cette semaine je vais sortir plusieurs fois et j'aurai l'occasion de porter ma nouvelle robe. Je t'en remercie de tout mon cœur.

Nous avons tous pensé à toi et à grand-père le jour de Noël et nous espérons que vous avez passé tous les deux une journée agréable. Avez-vous mangé du poulet ou du dindon comme nous, et comment avez-vous passé la soirée? Ici nous nous sommes amusés à faire de petits jeux et à regarder un peu la télévision. Imagine-toi, on s'est couché à une heure du matin!

Maintenant il me faut redevenir sérieuse, parce que je rentre en classe lundi prochain.

Ta petite-fille respectueuse,

Germaine.

74 Ecrivez une lettre (120 à 150 mots) à un(e) ami(e) pour l'inviter à passer une semaine chez vous pendant les grandes vacances.

75 Ecrivez une lettre (120 à 150 mots) au propriétaire d'un hôtel pour lui expliquer pourquoi vous n'avez pas été content(e) de votre séjour chez lui.

76 Ecrivez une lettre (120 à 150 mots) à votre correspondant(e) français(e) pour lui parler de la vie dans votre école.

77 Ecrivez une lettre (120 à 150 mots) à votre correspondant(e) français(e) pour lui dire comment vous avez passé les grandes vacances.

78 Vous êtes en France. Ecrivez une lettre (120 à 150 mots) à vos parents pour leur raconter votre arrivée et les premiers jours de votre séjour.

79 Ecrivez une lettre (120 à 150 mots) à un(e) ami(e) pour lui parler d'un accident que vous avez eu.

80 Ecrivez une lettre (120 à 150 mots) à un de vos professeurs pour lui expliquer pourquoi vous n'avez pas pu assister aux cours de l'école pendant deux semaines.

81 Ecrivez une lettre (120 à 150 mots) à votre correspondant(e) français(e) pour lui dire comment vous avez passé votre anniversaire.

82 Ecrivez une lettre (120 à 150 mots) à un(e) ami(e) pour lui parler d'un weekend que vous avez passé à la campagne.

83 Ecrivez une lettre (150 mots) au propriétaire d'une usine pour lui demander si votre classe pourra visiter son usine pendant une visite en France à Pâques.

84 Vous êtes une mère de famille, mais vous passez quelques jours chez une tante qui a été malade. Ecrivez une lettre (150 mots) à votre fille pour lui dire quand vous allez rentrer, et pour lui dire quelles commissions elle doit faire avant votre retour.

85 Vous venez de rentrer de vacances et, pour la première fois de votre vie, vous avez passé la nuit dans le train. Ecrivez une lettre (150 mots) à un(e) ami(e) français(e) pour lui raconter votre voyage.

86 En rentrant de l'école vous trouvez que vous avez oublié votre serviette dans l'autobus. Ecrivez une lettre (150 mots) à la compagnie d'autobus en leur décrivant la serviette et ce qu'elle contenait.

87 Votre père vous a donné la responsabilité d'une partie du jardin. Ecrivez une lettre (150 mots) à un(e) ami(e) pour lui donner la nouvelle et en lui disant ce que vous espérez faire.

88 Ecrivez une lettre (150 mots) au Syndicat d'Initiative de Cannes pour avoir des renseignements sur la ville et ses environs.

89 Vous venez de rentrer après de très bonnes vacances. Ecrivez une lettre (150 mots) au directeur de l'Agence de Voyages pour le remercier.

90 Il y a quelques jours vous avez passé une soirée très agréable chez des amis. Ecrivez une lettre (150 mots) pour les remercier.

91 Vous avez lu dans le journal un article sur les jeunes et vous n'êtes pas content(e) de ce que vous avez lu. Ecrivez une lettre (150 mots) au rédacteur pour donner vos opinions.

92 Vous venez d'écouter à la radio un programme où quelqu'un parlait d'un accident que vous avez vu vous-même et vous n'acceptez pas la version qu'il donne. Ecrivez une lettre (150 mots) à la police pour donner votre version.

93 Vous allez passer une semaine à Lyon. Ecrivez une lettre (100 mots) à des amis français qui habitent un village près de Lyon pour leur demander si et quand vous pourrez leur rendre visite, quel sera le meilleur moyen de transport, et comment vous trouverez leur maison.

Here is an example of how you might write this letter:

Reading, le vingt juin

Cher Monsieur, Chère Madame,
                          Nous avons gardé un très bon souvenir de votre visite en. Angleterre, et nous voudrions bien vous revoir pendant notre prochain séjour en France.

Nous allons passer la semaine du 20 au 27 juillet à Lyon. Est-ce qu'il nous serait possible d'aller vous voir un jour, peut-être le 24 ou le 25? Si c'est possible, est-ce qu'il vaut mieux prendre le train ou l'autocar pour arriver à votre village? Pouvez-vous nous dire exactement où se trouve votre maison?

Comment vont votre fils et votre fille? Nous aurions grand plaisir à faire leur connaissance.

Dans l'attente de vous lire, veuillez accepter, cher Monsieur, chère Madame, l'assurance de nos sentiments les meilleurs.
                          Stephen Brown.

94 Ecrivez une lettre (100 mots) à l'agent de voyages qui a organisé les vacances que vous venez de passer à l'étranger. Expliquez-lui pourquoi vous n'avez pas été content(e) de votre voyage en avion, de la situation et du service de votre hôtel. Dites-lui ce que vous pensez qu'il devrait faire pour compenser toutes vos difficultés.

Here is an example of how you might write this letter:

Londres, le vingt-trois août

Monsieur,

J'ai le regret de vous informer que je n'ai pas été satisfait des vacances que vous avez organisées pour ma femme et moi en Italie.

L'hôtel ne se trouvait pas près de la plage comme vous nous l'avez fait croire, mais à un kilomètre de la mer.

Nous avons dû attendre trois heures à l'aéroport avant le départ de l'avion, et quand nous sommes arrivés à l'hôtel vers neuf heures du soir l'hôtelier a dit qu'il était trop tard pour nous servir à manger.

Nous vous demandons donc de nous rembourser un pourcentage de l'argent que nous vous avons payé.

Veuillez agréer, Monsieur, l'expression de mes sentiments distingués.

Richard Wright.

95 Vous avez renvoyé un article à un grand magasin parisien où vous l'avez acheté. Ecrivez une lettre (100 mots) au gérant du magasin pour lui dire quand vous avez fait l'achat, pourquoi vous n'en êtes pas content(e) et pourquoi vous ne pouvez pas retourner vous-même au magasin. Expliquez-lui ce que vous voulez pour remplacer l'article.

96 Ecrivez une lettre (100 mots) au secrétaire du Syndicat d'Initiative à La Baule en lui disant quand et pour combien de temps vous avez l'intention d'y passer vos vacances. Demandez des renseignements sur les terrains de camping et sur les restaurants de la ville en précisant vos besoins exacts.

97 Ecrivez une lettre (100 mots) au gardien du musée d'une grande ville française que vous allez bientôt visiter pour lui demander des renseignements sur
– les jours et les heures d'ouverture du musée
– le prix d'entrée
– le temps qu'il faudra consacrer à la visite
– les objets les plus intéressants au musée.

98 Vous venez de déjeuner dans un restaurant où vous n'avez pas été content(e) ni du repas ni du service. Ecrivez une lettre (100 mots) au propriétaire en lui expliquant vos raisons, en lui décrivant le garçon qui vous a servi et en lui demandant de rembourser votre argent.

99 Vous voulez trouver du travail pendant les vacances. Ecrivez une lettre (100 mots) au propriétaire d'un hôtel au bord de la mer en lui parlant
- de votre âge
- de votre expérience
- des dates où vous pouvez travailler
- de l'argent que vous recevrez.

100 Vous avez déjà réservé une chambre dans un hôtel à Paris, mais votre sœur a décidé de vous accompagner. Ecrivez une lettre (100 mots) à l'hôtelier pour changer la réservation en lui rappelant exactement ce que vous aviez réservé et pour quelles dates et en lui demandant le prix d'une chambre supplémentaire. Dites-lui aussi l'heure de votre arrivée.

101 Vous allez visiter Paris avec votre femme. Ecrivez une lettre (100 mots) à un ami français pour lui demander de vous réserver des places au théâtre. Posez-lui des questions aussi sur
- les hôtels
- les restaurants
- les moyens de transport à Paris.

102 Vous voulez passer des vacances en France et vous écrivez une lettre (100 mots) à un Français pour lui demander de faire un échange de maisons. Parlez-lui
- de votre maison
- de votre ville
- des dates des vacances
- de sa maison.

103 Votre fils va passer un mois en France chez une famille que vous ne connaissez pas. Ecrivez une lettre (100 mots) à un ami français qui habite dans la même ville en lui demandant aussi
- d'aller voir la famille avant son arrivée
- de voir votre fils de temps en temps
- de vous téléphoner de temps en temps.

104 Vous venez de rentrer en Angleterre après avoir passé un séjour très agréable en France. Ecrivez une lettre (100 mots) au professeur français qui a organisé le séjour du groupe pour le remercier, en parlant du voyage de retour et en lui disant
- ce que vous avez aimé le plus
- ce que vos camarades ont dit en rentrant
- quand vous espérez retourner en France.

105   Vous avez fait un long voyage en autocar. Ecrivez une lettre (100 mots)
       à la compagnie d'autocars pour vous plaindre
       – du retard
       – du froid
       – du manque de confort
       – de l'attitude du chauffeur.

106   Ecrivez une lettre (100 mots) à une Française en réponse à l'annonce
       qu'elle a mise dans un journal. Elle demande aussitôt que possible une
       fille au pair entre 16 et 24 ans, parlant français et aimant les enfants.

107   Pendant un séjour en France vous avez visité une usine avec vos
       camarades anglais. Vous avez beaucoup aimé cette visite; vous avez
       reçu des cadeaux et on vous a offert à manger et à boire. Ecrivez une
       lettre (100 mots) au directeur de l'usine pour le remercier, et dites-lui ce
       qui vous a intéressé et ce que vous avez appris.

108   Vous êtes un jeune Français qui passe quelques semaines dans une
       famille anglaise. Ecrivez une lettre (100 mots) à vos parents en France
       en leur parlant
       – de votre arrivée en Angleterre
       – de la famille anglaise
       – des repas
       – de la maison
       – de vos activités principales.

109   Ecrivez une lettre (100 mots) au propriétaire d'un grand restaurant à
       Paris afin de réserver une table pour la semaine avant Noël.
       Demandez-lui des renseignements sur les heures d'ouverture, les prix,
       le menu, et les spécialités de la maison.

110   Ecrivez une lettre (100 mots) à un ami pour lui décrire un bon film que
       vous venez de voir au cinéma. Dites-lui quand et où vous l'avez vu et
       pourquoi le film vous a plu. Parlez-lui aussi de l'action et des acteurs.

111   Vous voulez prendre des vacances à l'étranger avec votre famille.
       Ecrivez une lettre (100 mots) à un agent de voyages en lui disant quand
       et où vous voulez partir, combien de temps vous voulez y rester, et par
       quel moyen de transport vous préférez voyager. Demandez-lui aussi le
       prix des billets.

112   Ecrivez une lettre (100 mots) au gérant d'un hôtel en France pour
       réserver des chambres. Dites-lui pourquoi vous avez choisi son hôtel et
       quand vous voulez y aller. Demandez-lui le prix des repas dans le
       restaurant de l'hôtel et aussi des renseignements sur le quartier où se
       trouve l'hôtel.

Answering letters (ii)

113 Ecrivez une réponse (100 mots) à cette lettre que vous avez reçue.

Aurillac, lundi sept avril

Cher Philippe,

Je t'ai attendu une demi-heure cet après-midi au café sur la Place Gerbert. Pourquoi n'es-tu pas venu au rendez-vous?

Je voulais te parler de tous nos projets pour le week-end. Je serai libre samedi après-midi et toute la journée dimanche. Qu'est-ce que tu aimerais faire samedi? As-tu des idées pour dimanche aussi? J'espère que tu n'auras pas trop de devoirs à faire. Il fait si beau en ce moment que ce serait dommage de rester à la maison.

Ecris-moi tout de suite pour me dire où et quand nous nous reverrons.

Bien à toi,
Sandrine.

Here is an example of how you might write this letter:

Aurillac, mardi huit avril

Chère Sandrine,

Je suis désolé de t'avoir fait attendre si longtemps mais ce n'était pas de ma faute. Mon professeur d'histoire voulait me parler et il m'a gardé à l'école dix minutes après la sortie des classes. J'ai couru à l'arrêt, mais l'autobus était déjà parti, et j'ai dû aller en ville à pied. Quand je suis arrivé au café tu n'étais plus là.

J'essaierai de finir mes devoirs vendredi soir et samedi matin. Est-ce que tu voudrais jouer au tennis samedi après-midi? Si tu préfères aller au cinéma je crois qu'il y a un bon western au Rex. Dimanche nous pourrions faire une promenade à vélo, ou s'il fait mauvais ce sera agréable d'inviter des camarades à la maison pour bavarder et pour écouter de la musique.

En tout cas je viendrai chez toi vers deux heures samedi après-midi et tu me diras alors ce que tu auras décidé.

Bien à toi,
Philippe.

114   Ecrivez une réponse (100 mots) à cette lettre que vous avez reçue.

Dreux, le vingt-deux février

Chère Hélène,

Merci de ta lettre. Je ne sais pas comment tu as trouvé le temps d'écrire pendant que ta mère est à l'hôpital! Est-ce que tes petits frères ont été sages? J'espère qu'ils ne t'ont pas rendu la vie trop difficile.

Quand est-ce que ta mère rentrera? Et comment s'appelle le nouveau bébé? Est-ce que tu l'as déjà vu? Moi, je voudrais bien un petit frère, mais maman dit que deux enfants, ça suffit. Qu'en penses-tu?

Amicalement,
Suzanne.

115   Vous avez reçu la lettre suivante. Ecrivez une réponse (100 mots).

Orléans, le dix mars

Mademoiselle,

J'ai bien reçu votre lettre du trois mars en réponse à l'annonce que j'ai mise dans *Le Figaro* pour trouver une jeune Anglaise qui voudrait s'occuper de mes deux enfants.

Voulez-vous m'écrire par retour du courrier pour me dire quand vous serez libre de travailler chez moi et combien de temps vous voudriez rester en France? Il me faut absolument avoir quelqu'un avant la fin avril.

Quelle est votre expérience des enfants très jeunes? Mon fils cadet n'a que dix-huit mois.

Apprenez-vous le français depuis longtemps? Ni mon mari ni moi ne parlons anglais, et nous préférerions une jeune fille qui parle bien le français.

Comme j'aurais besoin de vous pendant le weekend, je préférerais que vous preniez votre jour de congé pendant la semaine et je voudrais savoir ce que vous en pensez.

En attendant le plaisir de vous lire je vous prie de croire, Mademoiselle, en l'assurance de mes sentiments les plus distingués.

S. A. Laurent.

116   Vous avez reçu la lettre suivante. Ecrivez une réponse (100 mots).

Saint-Etienne, le vingt-quatre mai

Cher Jean,

Je suis vraiment au désespoir! Tu sais combien j'adore le football, et le Championnat du Monde commence la semaine prochaine. Eh bien, notre téléviseur est tombé en panne et mon père dit qu'il est irréparable et qu'il n'a pas assez d'argent pour en acheter un autre. Qu'est-ce que je pourrai faire? As-tu quelques idées? Moi, je voulais regarder tous les matchs, et toi? Crois-tu que la France va gagner? Ça me rendrait très content, mais je crois que les Brésiliens seront trop forts. Qu'en penses-tu?

Quand est-ce que tu seras en vacances?

Ecris-moi vite.

Ton ami,
Robert.

117 Vous avez reçu la lettre suivante. Ecrivez une réponse (100 mots).

Paris, le cinq mars

Monsieur,

Votre collègue, Monsieur Edward Jones, qui vient de faire un voyage d'affaires en France m'a donné votre adresse.

Il m'a dit que vous avez un fils de quinze ou seize ans qui voudrait faire un échange avec un jeune Français. Je vous propose donc un échange avec mon fils aîné, Alain, qui a quinze ans et demi. Si cette idée vous intéresse, voulez-vous m'écrire en me disant en quel mois votre fils aimerait venir en France, comment il voyagerait, et quels sont ses passe-temps préférés.

Si vous voulez des renseignements sur ma famille et surtout mon fils, n'hésitez pas à me poser des questions.

En attendant le plaisir de vous lire, je vous prie de croire, Monsieur, en l'assurance de mes sentiments distingués.

Raoul Dumesnil.

118 Ecrivez une réponse (100 mots) à cette lettre que vous avez reçue du propriétaire d'un grand restaurant à Paris où vous voulez travailler.

Paris, le douze septembre

Monsieur,

J'ai bien reçu votre lettre du trois septembre où vous me demandez s'il vous serait possible de travailler dans mon restaurant.

Avant de prendre une décision, je vous prie de bien vouloir me fournir les renseignements suivants. Combien de temps voulez-vous rester à Paris? (Je n'accepterais pas un employé pour moins de six mois.) Quel travail désirez-vous faire dans mon restaurant? Le chef a déjà plusieurs apprentis dans la cuisine, mais il me manque du personnel pour servir dans la salle. Quelles études avez-vous faites et quelle expérience avez-vous du travail d'un restaurant?

Je vous demande enfin de me dire si vous parlez bien le français.

Dans l'attente de vous lire, veuillez agréer, Monsieur, l'expression de mes sentiments les plus distingués.

Fabrice Leclerc.

119 Ecrivez une réponse (100 mots) à cette lettre que vous avez reçue de votre correspondant français.

Nantes, le dix février

Cher William,

Je suis très heureux que tu acceptes mon invitation à venir passer trois semaines chez moi cet été. Je te promets que je ferai de mon mieux pour rendre ton séjour aussi agréable que possible.

Dans ta prochaine lettre dis-moi à quelle date tu comptes arriver, s'il te plaît. Dis-moi aussi à quelle heure tu te couches et à quelle heure tu te lèves généralement. Ma mère s'inquiète parce qu'elle croit que tes habitudes sont peut-être différentes des nôtres.

Elle craint que tu n'aimes pas les repas français et elle voudrait savoir ce que tu aimes manger et boire. Y a-t-il des plats que tu ne manges jamais?

Comme tu sais je ne suis pas sportif, mais je suis tout prêt à jouer au tennis avec toi si tu veux. Ecris-moi bientôt pour me dire ce que tu préférerais faire ici.

Ton ami,
Fernand.

120 Ecrivez une réponse (100 mots) à cette lettre que vous avez reçue de votre amie.

Saint-Quentin, le trente avril

Chère Anne-Marie,

Ta dernière lettre était très intéressante. Tu as fait bien des choses pendant les vacances de Pâques. Qu'est-ce que tu fais maintenant que les vacances sont terminées?

Pour ma part, j'ai à te parler d'un grand événement – le mariage de ma sœur Hélène. C'était formidable! Le repas des noces a duré jusqu'à deux heures du matin et on a dansé jusqu'à l'aube. A quel âge est-ce que tu aimerais te marier, toi? Moi, je veux attendre quelques années et puis j'aurai beaucoup d'enfants. Combien en voudrais-tu?

Maintenant je me sens un peu seule à la maison, mais il y a beaucoup plus de place dans la chambre que j'ai toujours partagée avec Hélène. Comment est ta chambre? N'oublie pas de m'en parler dans ta prochaine lettre.

Affectueusement,
Marianne.

121 Vous avez reçu la lettre suivante, mais vous ne pouvez pas accepter l'invitation. Ecrivez une réponse (100 mots).

Le Puy, le huit mars

Ma chère Ginette,

Je t'ai déjà dit que je vais me marier bientôt, mais maintenant je peux te dire la date: c'est le samedi vingt-neuf avril. Je t'enverrai, bien sûr, une invitation officielle, mais je voulais t'écrire personnellement pour te demander de venir à mon mariage. Ma sœur a dit que tu pourras passer la nuit chez elle – te rappelles-tu ta dernière visite? On s'est bien amusé, n'est-ce pas?

Comment va ta mère? Est-elle guérie maintenant? Et ton nouvel emploi? Il faut m'écrire pour me donner de tes nouvelles.

Bien à toi,

Colette.

122 Vous avez reçu la lettre suivante. Ecrivez une lettre (100 mots) à Monsieur Binant pour accepter sa proposition.

Sainte-Maxime, le vingt janvier

Monsieur,

Mon bon ami Monsieur André Leroux m'a dit que vous avez envie de faire un échange de maisons pour les vacances. Moi aussi, je voudrais faire un tel échange et je pourrais vous offrir ma maison pour tout le mois d'août. C'est une grande maison, avec quatre chambres et un beau jardin, et vous y seriez très confortables.

Si vous voulez accepter ma proposition, voulez-vous m'écrire aussitôt que possible, s'il vous plaît, en me donnant quelques renseignements sur votre maison et sur votre ville et sa région?

Je vous prie d'agréer, Monsieur, l'assurance de mes sentiments distingués.

René Binant.

123 Sur la route Le Mans – Tours vous avez vu un accident, mais vous ne
vous êtes pas arrêté. Quelques jours plus tard vous recevez cette lettre.
Ecrivez une réponse (100 mots).

Le Mans, le sept juillet

Monsieur,

Le trois juillet il y a eu un accident sur la route Le
Mans – Tours dans lequel un homme a été tué.

Un témoin nous a dit qu'il a vu une Renault 12 blanche,
immatriculée 7417 RV 37, qui passait à ce moment-là, mais qui
ne s'est pas arrêtée. Nous avons raison de croire que cette voiture
était la vôtre. Veuillez écrire aussitôt pour confirmer que celle-ci
est bien votre voiture et pour me dire ce que vous avez vu de
l'accident. Les automobilistes ne sont pas obligés de s'arrêter en
voyant un accident mais nous désirons toujours parler à tous les
témoins possibles.

Je vous prie d'agréer, Monsieur, l'assurance de mes sentiments
distingués.

R. Prévert,
Inspecteur de Police.

124 Vous avez reçu la lettre suivante. Ecrivez une réponse (100 mots).

Reims, le treize novembre

Chère Marie,

J'ai été ravie d'apprendre ta nouvelle! J'en suis
vraiment jalouse – j'ai toujours eu envie de posséder un cheval.
Quel âge a-t-il? Où est-ce que tu vas le garder? Et surtout,
comment as-tu pu trouver assez d'argent pour acheter un cheval?

Ce que je voudrais savoir aussi, c'est ce que nous ferons quand
je viendrai chez toi à Noël, parce que toi, tu auras un cheval, et
moi, je n'aurai qu'une bicyclette! Est-ce que tu vois une solution?

Bien à toi,
Elise.

125 Vous avez reçu la lettre suivante. Ecrivez une réponse (100 mots).

Le Claux, le quatorze août

Chère Corinne,

Je ne suis pas contente de toi. Tu n'as pas
répondu à ma dernière lettre, et ça fait déjà deux mois que je l'ai
écrite. Je tenais beaucoup à te voir pendant les vacances, et
maintenant c'est trop tard. Es-tu malade ou morte? Non, je ne
crois pas – c'est probablement ce nouvel ami que tu as rencontré
et qui occupe tout ton temps. Comment s'appelle-t-il? Est-il beau?
Où et comment l'as-tu rencontré?

Ecris-moi, s'il te plaît, pour me donner de tes nouvelles.

Ton amie,
Marie-Thérèse.

126 Vous avez reçu la lettre suivante. Ecrivez une réponse (100 mots).

Digne, le vingt mai

Cher Pierre,

, Merci de ta lettre. Je serai très content de passer le mois de juillet chez toi. Malheureusement j'aurai beaucoup de travail à faire, et ça pourrait poser des problèmes, parce que vraiment j'aurai besoin d'une bibliothèque. Y en a-t-il une dans ta petite ville? S'il y en a une, quelles sont les heures d'ouverture? Est-ce que je pourrai y trouver beaucoup de livres d'histoire, parce que c'est ça dont j'ai besoin. Est-il possible de passer quelque temps à la bibliothèque pour travailler? Et peut-on emprunter des livres pour les lire à la maison?

Excuse-moi de t'interroger ainsi, mais si je ne peux pas travailler, je ne pourrai pas aller te voir, et ce serait dommage.

Ecris-moi vite pour me donner les renseignements nécessaires.

Ton ami,
Gaston.

127 Vous avez reçu la lettre suivante. Ecrivez une réponse (100 mots).

Paris, le douze février

Monsieur,

Je vous remercie de votre lettre du cinq février. Je vous assure cependant que la lettre dont vous parlez, celle du deux janvier, n'est jamais arrivée ici.

Si vous voulez bien me préciser encore la date de votre arrivée à Paris, combien vous êtes, l'adresse de l'hôtel où vous logerez, et quelles sont les excursions que vous voulez faire, je m'occuperai moi-même des réservations.

Il me reste à vous demander comment vous voulez payer les excursions. Il y a deux possibilités:

1º vous payerez en francs français quand vous serez à Paris;
2º vous payerez en livres sterling à notre bureau à Londres.

Je vous prie d'agréer, Monsieur, l'assurance de mes sentiments distingués.

J. Lenoir,
Directeur.

128 Vous avez reçu la lettre suivante. Ecrivez une réponse (100 mots).

Rennes, le vingt-huit août

Cher Peter,

Merci de ta lettre – elle a mis trois semaines pour arriver: l'as-tu vraiment écrite le trois août?

Ton histoire du petit oiseau vert que tu as trouvé dans le jardin m'a beaucoup intéressé. Tu appelles ça en anglais un 'budgerigar' – c'est une espèce de perroquet, n'est-ce pas? Est-ce que tu as pu trouver le propriétaire de l'oiseau? Qu'est-ce que tu as fait pour essayer de le trouver? Et qu'est-ce que tu as fait pour empêcher ton chat de l'attraper?

Eh bien, Maman m'appelle et je dois m'en aller.

Bien à toi,

Jean-Michel.

129   Ecrivez une réponse (100 mots) à cette lettre que vous avez reçue.

La Bourboule, le huit novembre

Monsieur,

Je vous remercie de votre lettre du dix novembre. La date que vous proposez pour notre match de football annuel nous convient très bien. A quelle heure voulez-vous que le match commence?

Nous attendons avec impatience l'occasion de jouer dans le nouveau stade – mais voulez-vous m'expliquer, s'il vous plaît, où il se trouve et comment y parvenir?

Je crois que nous serons obligés de passer la nuit dans votre ville. Pouvez-vous donc recommander un hôtel confortable mais pas cher? Si vous pouviez nous réserver des chambres, je vous en serais très reconnaissant. Nous serons vingt.

Je vous prie d'agréer, Monsieur, l'assurance de mes sentiments distingués.

P. Fayolle.

130   Ecrivez une réponse (100 mots) à cette lettre que vous avez reçue.

Paris, le dix août

Cher Andrew,

J'ai été content d'apprendre que tu es actuellement en France. Combien de temps vas-tu passer à Grasse? Est-ce que tu passeras quelque temps à Paris avant de rentrer?

Si c'est possible, viens me voir à Paris – mes parents seraient très heureux de te connaître, et ma sœur Geneviève serait aussi très contente de te revoir. Te souviens-tu de Geneviève? Tu avais promis de lui écrire, mais elle n'a jamais reçu de lettre – pourquoi?

Ecris-moi aussi vite que possible, parce que si tu ne peux pas venir me voir à Paris il faut trouver un autre moyen de nous voir.

Amitiés,

Jérôme.

Letters based on a French prose passage

131   Madeleine Leroy s'était couchée de bonne heure comme toujours pendant l'absence de son mari. Sa petite fille, Estelle, dormait tranquillement dans sa chambre.

Soudain Madeleine s'est réveillée en sursaut. Quelqu'un marchait dans le salon au-dessous de sa chambre. Effrayée, Madeleine a entendu s'ouvrir la porte du salon, et puis le bruit des pas sur les marches de l'escalier. Pensant à sa fille, Madeleine a sauté à bas du lit et a ouvert la porte.

Le lendemain matin Madeleine écrit à sa sœur. Ecrivez cette partie de la lettre où elle lui raconte ce qui s'est passé quand elle a ouvert la porte. Ecrivez entre 75 et 80 mots.

Here is how you might write this extract:

> Tu ne peux pas imaginer comme j'ai eu peur en ouvrant la porte! Je ne voyais pas très bien dans l'obscurité mais j'ai tout de même distingué la forme d'un homme qui montait l'escalier.
>
> En reculant dans ma chambre j'ai saisi une bouteille sur la commode et j'allais la lancer de toutes mes forces quand j'ai entendu une voix dire, 'C'est toi, ma chérie?'
>
> C'était Bernard revenu de son voyage d'affaires deux jours plus tôt que je ne l'attendais!

132   Il était sept heures du matin et ses parents dormaient encore dans la maison silencieuse. En regardant par la fenêtre de sa chambre Marcel aperçut le facteur qui tournait le coin de la rue. Dans quelques minutes il saurait peut-être le résultat de son examen. Marcel voulait tant être médecin. Il vit le facteur arriver dans la maison et placer une grosse enveloppe blanche dans la boîte aux lettres. Le cœur battant, Marcel descendit l'escalier.

Quelques jours plus tard Marcel écrit à son ami Georges. Ecrivez cette partie de la lettre où il lui raconte comment il a appris le résultat de son examen et ce qu'il a fait ensuite. Ecrivez entre 75 et 80 mots.

133   Une fois arrivés à la ferme Christian et Luc s'installèrent dans un coin du champ et montèrent la nouvelle tente qu'ils venaient d'acheter et dont ils étaient très fiers. Ils y rangèrent leurs sacs de couchage et toutes leurs affaires avant de sortir le réchaud et la poêle pour faire cuire des œufs et du lard. Ils étaient sur le point de s'asseoir sur l'herbe pour manger quand le ciel se couvrit de gros nuages noirs et il se mit à pleuvoir. En entrant précipitamment dans la tente les deux garçons virent deux grands trous dans la toile par où passaient de grosses gouttes de pluie.

Quelques jours plus tard Luc écrit à un ami. Ecrivez cette partie de la lettre où il raconte ce que Christian et lui ont fait en découvrant les trous dans la tente. Ecrivez entre 75 et 80 mots.

134 Le métro était bondé et Pascal devait se tenir debout. Il regardait curieusement tous les gens autour de lui car il ne venait pas souvent à Paris. Peut-être qu'il ne serait pas venu passer une journée au Centre Georges Pompidou si ses amis ne lui en avaient pas tant parlé.

Encore une station avant de descendre, pensait Pascal, et il mit la main dans sa poche pour sortir son portefeuille, dans lequel il avait mis son petit plan de Paris. Sa poche était vide. Le portefeuille avait disparu – et tout son argent aussi!

Quelques jours plus tard Pascal écrit à un ami. Ecrivez cette partie de la lettre où il raconte ce qu'il a fait en découvrant qu'il était seul à Paris sans argent. Ecrivez entre 75 et 80 mots.

135 Vêtue de sa légère robe de bal Gabrielle frissonnait un peu par ce soir frais de novembre. Les phares de la voiture éclairaient le chemin tortueux qui descendait vers le village.

–Attention, Bruno, cria soudain Gabrielle, et son fiancé freina brusquement pour éviter une Citroën verte qui barrait la route.

–Elle a dû se heurter contre cet arbre, dit Bruno en descendant vite. Le conducteur doit être blessé.

En effet, de faibles cris sortaient de la portière ouverte de la Citroën.

Le lendemain Gabrielle écrit à une amie. Ecrivez cette partie de la lettre où elle raconte la suite de cet accident. Ecrivez entre 75 et 80 mots.

136 Daniel n'avait jamais quitté le petit village où il vivait tranquillement avec sa famille. Fils d'un fermier qui ne prenait jamais de vacances, Daniel restait toujours à la ferme, où il avait mille choses à faire.

Ce fut sa mère qui avait dit qu'il lui fallait absolument accepter l'invitation de sa tante. C'est ainsi que Daniel se trouvait dans le train qui allait bientôt arriver à Paris. Comment sera la capitale dont on m'a tant parlé? se demandait-il.

Quelques jours plus tard Daniel écrit à ses parents. Ecrivez cette partie de sa lettre où il leur raconte son arrivée et ses premiers jours à Paris. Ecrivez entre 75 et 80 mots.

137 Natalie était fille unique, et comme elle s'ennuyait quelquefois quand elle était seule avec ses parents, Madame Michoux avait invité sa camarade, Alice, à venir avec eux dans leur maison de campagne.

Ils avaient encore une soixantaine de kilomètres à faire quand ils arrivèrent à Clermont Ferrand. Après avoir garé la voiture dans une petite rue ils allèrent boire quelque chose dans un café près de la cathédrale. En revenant une demi-heure plus tard ils furent stupéfaits de constater que la voiture avait disparu.

Le lendemain Alice écrit à ses parents. Ecrivez cette partie de sa lettre où elle leur raconte ce que les Michoux ont fait après avoir découvert que leur voiture avait disparu. Ecrivez entre 75 et 80 mots.

138 Comme Gaston rêvait depuis longtemps de posséder une moto, il était au comble de la joie quand ses parents lui en offrirent une pour l'anniversaire de ses dix-sept ans.

Après l'avoir essayée un peu dans la rue devant la maison, Gaston déclara qu'il se débrouillait déjà assez bien pour pouvoir faire les six kilomètres qui le séparaient du lycée en moto.

Comme il habitait la campagne il n'y avait rien à craindre de la circulation, et Gaston partit gaiement. Il avait fait la moitié du chemin quand le moteur s'arrêta tout d'un coup et le garçon faillit tomber de la machine. Il était en panne en pleine campagne, à trois kilomètres du lycée.

Une semaine plus tard Gaston écrit à un ami. Ecrivez cette partie de sa lettre où il raconte ce qu'il a fait après être tombé en panne. Ecrivez entre 75 et 80 mots.

139 En sortant du cinéma Joseph et ses copains avaient eu soif et ils étaient entrés dans un bistrot pour prendre un verre et pour discuter le film qu'ils venaient de voir. Ils trouvèrent leur débat si intéressant que lorsqu'ils quittèrent le café le dernier autobus était parti.

Il était minuit et demi quand Joseph arriva enfin chez lui et chercha sa clef dans sa poche. Il ne voulait pas réveiller ses parents qui devaient toujours se lever de bonne heure le matin. Il fut donc très mécontent de découvrir que sa clef n'était plus dans sa poche.

Quelques jours plus tard Joseph écrit à un ami. Ecrivez cette partie de sa lettre où il raconte comment il entra chez lui et la réaction de ses parents le lendemain matin. Ecrivez entre 75 et 80 mots.

140 Eliane regardait les autres jeunes filles d'un air curieux. L'une d'elles était fort élégante et paraissait pleine d'assurance. Une autre feuilletait une revue avec nonchalance tandis que deux autres chuchotaient dans un coin.

Eliane essaya de se rassurer en se rappelant que c'était la première fois qu'elle avait posé sa candidature à un emploi et que si elle ne réussissait pas cette fois-ci elle aurait tout de même gagné un peu d'expérience. Malgré cela, elle ne put pas s'empêcher de trembler un peu en se levant pour entrer dans le bureau du chef du personnel.

Quelques jours plus tard Eliane écrit à une amie. Ecrivez cette partie de sa lettre où elle lui raconte comment l'entrevue s'est passée. Ecrivez entre 75 et 80 mots.